Dr. Oetker
Einmachbuch

Dr. Oetker
Einmachbuch

Ceres-Verlag
Rudolf-August Oetker KG
Bielefeld

Rezepte und Anleitungen: Versuchsküche Dr. August Oetker, Bielefeld

Fotos: Studio Büttner, Bielefeld

Herstellung: E. Gundlach KG, Bielefeld

1. Auflage

ISBN 3-7670-0-172-1

Mit diesen Rezepten wird Ihnen
Einmachen sehr viel Freude bereiten,
weil Ihnen alles sofort gelingt.
Jedes Rezept wurde in der Dr. Oetker
Versuchsküche erprobt und leicht
und verständlich beschrieben, damit
sich Ihre Mühe auch lohnt.
Sie werden stolz auf Ihr Eingemachtes
sein und so manches Kompliment
dafür ernten: für Ihre köstlichen
Konfitüren und Gelees, für Ihr
zartes Gemüse und alles Pikante.
Besonders aber auch für den
unvergleichlichen Geschmack
Ihrer selbsteingelegten exotischen
Früchte.

Ihr Ceres-Verlag

Gelees

Wir danken folgenden Firmen für die freundliche Unterstützung:

Assugrin, Köln
Burda-Verlag, München
Jahreszeiten-Verlag, Hamburg

Einkochen – Sterilisieren

Einkochen – Sterilisieren

Beim Einkochen (Sterilisieren) werden die im Einmachgut vorhandenen Keime durch Hitze getötet, und das Eindringen neuer Keime wird durch luftdichten Verschluß verhindert.

Allgemeine Einkochregeln

1. Nur Obst und Gemüse von bester Beschaffenheit sind zum Haltbarmachen geeignet.
2. So frisch wie möglich muß das Einmachgut verarbeitet werden. Im eigenen Garten in den frühen Morgenstunden ernten, bevor die Hitze des Tages sich auswirkt, und nur so viel vorbereiten, wie am gleichen Tag verwertet werden kann. Nur in Ausnahmefällen kann Gemüse oder Obst bis zum anderen Tag aufbewahrt werden und muß dann an einem kühlen Ort trocken, aber ausgebreitet lagern.
3. Zum Kochen der Früchte eignen sich sowohl Emaille- als auch Edelstahltöpfe. Beschädigte Töpfe sollen in der Einmachküche nicht benutzt werden.
4. Alle Einmachgefäße und -geräte dürfen nur ausschließlich für ihren besonderen Zweck verwendet und vor allem nicht mit Fett in Berührung gebracht werden.
5. Auf größte Sauberkeit muß beim Einmachen unbedingt geachtet werden, schon das kleinste Krümchen Brot, das in ein Einmachgefäß fällt, kann den Inhalt zum Gären, d. h. zum Verderben bringen.
6. Nur einwandfreie, unbeschädigte Einkochgläser verwenden, da gesprungene oder ausgesplitterte Ränder von Gläsern oder Deckeln keinen festen Verschluß ergeben.
7. Die Einkochgläser vor jedem Gebrauch gründlich in heißem Wasser unter Zusatz eines handelsüblichen Spülmittels reinigen (Reste von alten Gummiringen vollkommen entfernen), in klarem Wasser nachspülen. Die Gläser, auf ein Tuch gestülpt, ablaufen lassen.
8. Die Einkochringe (brüchige oder beschädigte Ringe nicht verwenden) einige Minuten in klarem Wasser kochen lassen, sie dann bis zur Verwendung in frisches Wasser legen.
9. Beim Einfüllen von heißem Einkochgut (am besten mit Hilfe eines Einfüllringes) müssen die Gläser auf einem nassen Tuch stehen.
10. **Rohes Einkochgut bis fast unter den Glasrand, vorgekochtes (wenn im Rezept nicht anders angegeben) bis 2 cm unter den Rand füllen. Alle Flüssigkeiten dürfen nur bis 2 cm unter den Glasrand reichen. Mit breiartigem Einkochgut die Gläser nur etwa ¾ füllen.**
11. Gummiring und Deckel naß auf den gesäuberten Glasrand legen. Wenn die Einkochgläser mit Bügeln oder Federn verschlossen werden, darauf achten, daß die Gummiringe sich nicht verschieben.
12. **Einkochen im Einkochapparat**
    Die Gläser immer auf den Spezial-Einsatz stellen oder auf einen Drahtrost, niemals direkt auf den Topfboden.
13. Den Einkochtopf mit so viel Wasser füllen, daß die Gläser bis zu ¾ ihrer Höhe davon umgeben sind. Gläser mit kaltem Inhalt mit kaltem Wasser aufsetzen und solche mit heißem Inhalt mit heißem Wasser.
14. Damit die erforderlichen Wärmegrade während des Einkochens genau eingehalten werden können, ist ein einwandfreies Thermometer, das bis in das Wasser hineinreichen muß, unbedingt erforderlich.

Um die zum Sterilisieren erforderliche Temperatur zu erreichen, bei Gas die Flamme groß stellen, bei Strom auf Stufe 3 schalten. Die Einkochzeit beginnt erst dann, wenn das Thermometer den jeweils in den Rezepten vorgeschriebenen Hitzegrad erreicht hat. Um diese Temperatur zu halten, bei Gas die Flamme dann entsprechend verkleinern (ab und zu kontrollieren), bei Strom auf Stufe 1 schalten (es ist ratsam, kurz bevor der vorgeschriebene Hitzegrad erreicht ist, schon von Stufe 3 auf Stufe 1 zu schalten). Das Wasser darf nicht sprudelnd kochen, sondern nur ziehen, da sonst leicht Flüssigkeit aus den Gläsern kocht, sich zwischen Gummiring und Deckel setzt und einen luftdichten Verschluß unmöglich macht.

15. Nach Beendigung der vorgeschriebenen Einkochzeit die Gläser **sofort** aus dem Wasserbad nehmen (Zugluft nach Möglichkeit vermeiden), da andernfalls die Einkochzeit unnötig verlängert und das Einkochgut zu weich oder unansehnlich wird. Die Gläser bleiben unter Bügel- oder Federdruck, bis sie vollkommen erkaltet sind.
16. Es ist zweckmäßig, auf jedes Gefäß ein Schildchen mit der Bezeichnung des Eingemachten und dem Datum der Herstellung zu kleben, damit das ältere Eingemachte stets zuerst verwendet wird.
17. Alles Eingemachte muß an einem trockenen, kühlen, der Zugluft zugänglichen Ort aufbewahrt und von Zeit zu Zeit durchgesehen werden (direkte Sonnenbestrahlung vermeiden).
18. **Einkochen im Backofen**
Die gleichen Vorbereitungen treffen, wie unter Punkt 1 – 11 beschrieben. Um die Wärme im Backofen richtig auszunutzen, jeweils 6 Gläser von gleicher Größe und mit gleichem Inhalt (oder verschiedenem Inhalt, aber gleicher Einkochzeit), ohne daß sie sich berühren, in die 1 cm hoch mit Wasser gefüllte Rostbratpfanne stellen. Die Gläser mit einer Schicht nassem Papier bedecken und die Rostbratpfanne so weit wie möglich nach unten in den Backofen schieben.
a) **Im Elektroherd** auf 180 – 200 schalten. Sobald die Kontrollampe zum ersten Mal erloschen ist, die Bratpfanne mit den Gläsern einschieben. Nach 60 – 70 Minuten beginnt es in den Gläsern zu perlen, d. h. es steigen vom Boden der Gläser rasch hintereinander Luftbläschen auf.
Bei Obst den Ofen ausstellen und die Gläser noch 30 Minuten in der Speicherwärme des Backofens stehenlassen.
Bei Gemüse auf 125 – 140 schalten, wenn es in den Gläsern perlt, das Gemüse noch 90 Minuten bei dieser Temperatur sterilisieren lassen.
Ob es sich um Obst oder Gemüse handelt, die Gläser am besten außerhalb des Ofens erkalten lassen, sie jedoch mit einem Tuch bedecken, damit sie vor Zugluft geschützt sind.
b) **Im Gasherd** eine Einstellung von 1½ – 2½ wählen. Nach 50 – 70 Minuten beginnt es in den Gläsern zu perlen, d. h. es steigen vom Boden der Gläser rasch hintereinander Luftbläschen auf. Die Einkochzeit von diesem Zeitpunkt ab rechnen.

Fleisch

Regeln

1. Zum Einkochen von Fleisch sind gerade Einkochgläser (Sturzform) am besten geeignet. Nur einwandfreie, unbeschädigte Gläser verwenden, da gesprungene oder ausgesplitterte Ränder von Gläsern oder Deckeln keinen festen Verschluß ergeben.
2. Die Einkochgläser vor jedem Gebrauch gründlich in heißem Wasser unter Zusatz eines handelsüblichen Spülmittels reinigen (Reste von alten Gummiringen vollkommen entfernen) und in heißem Wasser nachspülen. Gläser und Deckel, auf ein Tuch gestülpt, ablaufen lassen.

3. Die Einkochringe (brüchige oder beschädigte Ringe nicht verwenden) einige Minuten in klarem Wasser kochen lassen, sie dann bis zur Verwendung in frisches Wasser legen.
4. Jedes einwandfreie frische Fleisch kann, roh oder zubereitet, eingekocht werden. Die Rezepte in diesem Buch wollen nur ein paar Anregungen geben und können beliebig erweitert oder den eigenen Erfahrungen entsprechend abgeändert werden.
5. Um wirtschaftlich zu arbeiten, empfiehlt es sich, 4 Gläser mit gleichem Inhalt oder aber mit verschiedenem Inhalt, aber gleicher Einkochzeit in den Einkochapparat zu stellen.
6. Die verschlossenen Gläser (Glasränder besonders sorgfältig reinigen) **sofort** erhitzen, damit das Fleisch nicht unnötig lange steht, sondern so schnell wie möglich sterilisiert wird.

Sauerkirschen

im eigenen Saft

Etwa 4 kg Sauerkirschen (für 4 Gläser von je 1 l Inhalt) waschen, gut abtropfen lassen, entstielen, entsteinen, mit

Zucker (auf je 1 kg Sauerkirschen 200 – 250 g Zucker) in einem entsprechend großen Kochtopf mischen, etwas erwärmen (Zucker muß sich vollständig lösen)
Kirschen und Saft in die vorbereiteten Einkochgläser (S. 12 Punkt 5 – 7) füllen
im übrigen die allgemeinen Einkochregeln S. 12 ab Punkt 8 beachten

Einkochzeit: 30 Minuten bei 80° C.

Zwetschen, süß-sauer

Etwa 3 kg Zwetschen (für 4 Gläser von je 1 l Inhalt)	waschen, einzeln mit einem Tuch abreiben oder gut abtropfen lassen, in die vorbereiteten Einkochgläser (S. 12 Punkt 5 – 7) füllen
	für die Essig-Zucker-Lösung
150 g Zucker **500 ml (½ l) Wasser** **2 Gewürznelken** **Stangenzimt** **Ingwer** **gelbe Zitronenschale (unbehandelt)**	zum Kochen bringen, kurz aufkochen lassen (Zucker muß sich vollständig lösen), abschäumen
250 ml (¼ l) Weinessig	hinzufügen, abkühlen lassen die Gewürze herausnehmen die Essig-Zucker-Lösung über die Zwetschen gießen im übrigen die allgemeinen Einkochregeln S. 12 ab Punkt 8 beachten
Einkochzeit:	30 Minuten bei 75° C.

Dreifrucht

(Abb. nebenstehend)

Etwa 1 kg Pflaumen	waschen, gut abtropfen lassen, halbieren, entsteinen
1 kg weiche Birnen **1 kg Äpfel**	
	beide Früchte schälen, je nach Größe vierteln oder achteln, von Blüte, Stiel und Kerngehäuse befreien, in
schwach gesalzenes Wasser	legen Birnen und Äpfel gut abtropfen lassen, schichtweise mit den Pflaumen in die vorbereiteten Einkochgläser (S. 12 Punkt 5 – 7) füllen
	für die Zuckerlösung
300 g Zucker	mit
1 l Wasser	zum Kochen bringen, kurz aufkochen lassen (Zucker muß sich vollständig lösen), abkühlen lassen, über die Früchte gießen im übrigen die allgemeinen Einkochregeln S. 12 ab Punkt 8 beachten
Einkochzeit:	30 Minuten bei 90° C.

Süßkirschen

Etwa 3½ kg Kirschen (für 4 Gläser von je 1 l Inhalt) waschen, abtropfen lassen, entstielen, in die vorbereiteten Einkochgläser (S. 12 Punkt 5 – 7) füllen

für die Zuckerlösung

150 – 200 g Zucker mit
1 l Wasser zum Kochen bringen (Zucker muß sich vollständig lösen), kurz aufkochen lassen und, falls die Früchte fade im Geschmack sind, die Zuckerlösung mit
Zitronensaft abschmecken, etwas abgekühlt über die Kirschen gießen
im übrigen die allgemeinen Einkochregeln S. 12 ab Punkt 8 beachten

Einkochzeit: 25 – 30 Minuten bei 80° C.
Veränderung: Süßkirschen mit festem Fleisch entsteint einkochen .

Renekloden

Etwa 3 kg reife, aber feste Renekloden (für 4 Gläser von je 1 l Inhalt) waschen, gut abtropfen lassen, entstielen, in die vorbereiteten Einkochgläser (S. 12 Punkt 5 – 7) füllen

für die Zuckerlösung

400 – 500 g Zucker mit
1 l Wasser zum Kochen bringen, kurz aufkochen lassen (Zucker muß sich vollständig lösen), abkühlen lassen, über die Renekloden gießen
im übrigen die allgemeinen Einkochregeln S. 12 ab Punkt 8 beachten

Einkochzeit: 30 – 40 Minuten bei 90° C.

Apfelmus

4 – 5 kg Äpfel (für 4 Gläser von je 1 l Inhalt) waschen, von schlechten Stellen befreien, in kleine Stücke schneiden, mit
Wasser (auf je 1 kg Äpfel, etwa 6 Eßl. Wasser) im geschlossenen Topf zum Kochen bringen, weich kochen lassen, durch ein Sieb streichen, mit
Zucker (auf je 1 kg Äpfel, 75 – 100 g Zucker) abschmecken
das Apfelmus in die vorbereiteten Einkochgläser (S. 12 Punkt 5 – 7) füllen
im übrigen die allgemeinen Einkochregeln S. 12 ab Punkt 8 beachten

Einkochzeit: 30 Minuten bei 90° C.

Mirabellen

Etwa 3 kg Mirabellen (für 4 Gläser von je 1 l Inhalt) waschen, gut abtropfen lassen, entstielen, in die vorbereiteten Einkochgläser (S. 12 Punkt 5 – 7) füllen

für die Zuckerlösung

250 – 375 g Zucker mit
1 l Wasser zum Kochen bringen, kurz aufkochen lassen (Zucker muß sich vollständig lösen), abkühlen lassen, über die Mirabellen gießen
im übrigen die allgemeinen Einkochregeln S. 12 ab Punkt 8 beachten

Einkochzeit: 30 Minuten bei 75° C.
Veränderung: Die Mirabellen entsteint einkochen.

Äpfel

Etwa 3½ kg Äpfel (für 4 Gläser von je 1 l Inhalt) waschen, schälen, je nach Größe vierteln oder achteln, von Blüte, Stiel und Kerngehäuse befreien, in
schwach gesalzenes Wasser legen
die Äpfel gut abtropfen lassen, mit der Rundung nach oben fest in die vorbereiteten Einkochgläser (S. 12 Punkt 5 – 7) füllen

für die Zuckerlösung

200 – 300 g Zucker mit
1 l Wasser zum Kochen bringen (Zucker muß sich vollständig lösen), kurz aufkochen lassen und, falls die Äpfel fade im Geschmack sind, die Zuckerlösung mit
Zitronensaft abschmecken, etwas abgekühlt über die Äpfel gießen
im übrigen die allgemeinen Einkochregeln S. 12 ab Punkt 8 beachten

Einkochzeit für weiche Äpfel: 30 Minuten bei 80° C.
Für harte Äpfel: 35 – 40 Minuten bei 80° C.

Rhabarber

Etwa 3 kg Rhabarber (für 4 Gläser von je 1 l Inhalt) waschen, gut abtrocknen, in kleine Stücke schneiden (nicht abziehen), in die vorbereiteten Einkochgläser (S. 12 Punkt 5 – 7) füllen

für die Zuckerlösung

750 g Zucker mit
375 ml (⅜ l) Wasser zum Kochen bringen (Zucker muß sich vollständig lösen), kurz aufkochen lassen, heiß über den Rhabarber geben
im übrigen die allgemeinen Einkochregeln S. 12 ab Punkt 8 beachten

Einkochzeit: 25 Minuten bei 80° C.

Birnen

Etwa 4 kg Birnen (für 4 Gläser von je 1 l Inhalt) waschen, schälen, je nach Größe halbieren oder vierteln, von Blüte, Stiel und Kerngehäuse befreien, in
schwach gesalzenes Wasser legen
die Birnen gut abtropfen lassen, mit der Rundung nach oben in die vorbereiteten Einkochgläser (S. 12 Punkt 5 – 7) legen

für die Zuckerlösung
200 – 300 g Zucker mit
1 l Wasser zum Kochen bringen (Zucker muß sich vollständig lösen), kurz aufkochen lassen und, falls die Birnen wenig sauer im Geschmack sind, die Zuckerlösung mit
Zitronensaft abschmecken
die abgekühlte Zuckerlösung über die Birnen gießen
im übrigen die allgemeinen Einkochregeln S. 12 ab Punkt 8 beachten

Einkochzeit für weiche Birnen: 30 Minuten bei 90° C
Für harte Birnen: 40 – 50 Minuten bei 90° C.
Veränderung: Kleine Birnen mit dünner Schale können auch ungeschält eingekocht werden; dann die Früchte nur waschen, von Blüte und Stiel befreien.

Pfirsiche

(Abb. nebenstehend)

Für die Zuckerlösung
300 – 400 g Zucker mit
1 l Wasser zum Kochen bringen (Zucker muß sich vollständig lösen), kurz aufkochen, abkühlen lassen
etwa 5 kg Pfirsiche (für 4 Gläser von je 1 l Inhalt) waschen, abtropfen lassen, halbieren, entsteinen
die Pfirsichhälften portionsweise in kochendes Wasser geben, etwa 3 Minuten darin ziehen lassen, herausnehmen, enthäuten
die Früchte mit der Rundung nach oben in die vorbereiteten Einkochgläser (S. 12 Punkt 5 – 7) füllen
sobald ein Glas gefüllt ist, die etwas abgekühlte Zuckerlösung über die Pfirsiche gießen
im übrigen die allgemeinen Einkochregeln S. 12 ab Punkt 8 beachten

Einkochzeit: 30 Minuten bei 75° C.

Erdbeeren

Etwa 4 kg reife, feste, rotfleischige Erdbeeren (für 4 Gläser von je 1 l Inhalt) waschen, gut abtropfen lassen, entstielen

auf je 1 kg Erdbeeren 200 – 250 g Zucker

die Erdbeeren mit dem Zucker lagenweise in eine Schüssel geben, vorsichtig durchschütteln und, mit einem Tuch bedeckt, über Nacht an einem kühlen Ort stehenlassen
Früchte und Saft in die vorbereiteten Einkochgläser (S. 12 Punkt 5 – 7) füllen
im übrigen die allgemeinen Einkochregeln S. 12 Punkt 8 beachten

Einkochzeit: 20 – 25 Minuten bei 75° C.
Da manche Sorten Erdbeeren während des Einkochens ihre leuchtend rote Farbe verlieren und grau werden, empfiehlt es sich, vorher etwas dunklen Kirschsaft an die Erdbeeren zu geben.

Pflaumen

Etwa 4 kg Pflaumen (für 4 Gläser von je 1 l Inhalt) waschen, einzeln mit einem Tuch abreiben oder gut abtropfen lassen, halbieren, entsteinen, die Früchte mit der Rundung nach oben in die vorbereiteten Einkochgläser (S. 12 Punkt 5 – 7) füllen

für die Zuckerlösung

300 – 400 g Zucker mit
1 l Wasser zum Kochen bringen, kurz aufkochen lassen (Zucker muß sich vollständig lösen), abkühlen lassen, über die Pflaumen gießen
im übrigen die allgemeinen Einkochregeln S. 12 ab Punkt 8 beachten

Einkochzeit: 30 Minuten bei 75° C.

Veränderung: Anstelle von Zucker Flüssigsüße verwenden.
Vanillemark aus 1 Vanilleschote, Zimtstange, Gewürznelken, Zitronenschale (unbehandelt) mitkochen.

Stachelbeeren, unreife

Etwa 3 kg unreife, harte Stachelbeeren (für 4 Gläser von je 1 l Inhalt) von Stiel und Blüte befreien, gründlich waschen, gut abtropfen lassen, in die vorbereiteten Einkochgläser (S. 12 Punkt 5 – 7) füllen

für die Zuckerlösung
750 g Zucker mit
1 l Wasser zum Kochen bringen (Zucker muß sich vollständig lösen), kurz aufkochen, etwas abkühlen lassen, über die Stachelbeeren gießen
im übrigen die allgemeinen Einkochregeln S. 12 ab Punkt 8 beachten

Einkochzeit: 30 Minuten bei 75° C.

Heidelbeeren

Bickbeeren, Blaubeeren

Etwa 3½ kg Heidelbeeren (für 4 Gläser von je 1 l Inhalt) sorgfältig verlesen, waschen, gut abtropfen lassen
die Heidelbeeren lagenweise mit
Zucker (auf je 1 kg Heidelbeeren 150 g Zucker) in eine Schüssel füllen, vorsichtig durchschütteln und, mit einem Tuch bedeckt, an einem kühlen Ort über Nacht stehenlassen
Früchte und Saft in die vorbereiteten Einkochgläser (S. 12 Punkt 5 – 7) füllen
im übrigen die allgemeinen Einkochregeln S. 12 ab Punkt 8 beachten

Einkochzeit: 30 Minuten bei 80° C.

Johannisbeeren

Etwa 3½ kg Johannisbeertrauben (für 4 Gläser von je 1 l Inhalt) sorgfältig waschen, gut abtropfen lassen, mit einer Gabel von den Stielen streifen

auf je 1 kg Johannisbeeren 200 – 250 g Zucker

die Johannisbeeren mit dem Zucker mischen, in die vorbereiteten Gläser (S. 12 Punkt 5 – 7) füllen
im übrigen die allgemeinen Einkochregeln S. 12 ab Punkt 8 beachten

Einkochzeit: 25 – 35 Minuten bei 90° C.

Möhren

Karotten, Wurzeln

(Abb. S. 24/25)

3½ – 4 kg Möhren (für 4 Gläser von je 1 l Inhalt) putzen, schrappen (schaben), waschen, kleine Möhren ganz lassen, größere in Scheiben, Stifte oder Würfel schneiden, evtl. mit dem Buntschneidemesser, in die vorbereiteten Einkochgläser (S.12 Punkt 5 – 7) füllen
die Möhren mit kaltem Wasser übergießen
im übrigen die allgemeinen Einkochregeln S. 12 ab Punkt 8 beachten

Einkochzeit: 1½ Stunden bei 98° C.

Bohnen

(Abb. S. 24/25)

Nach der Sorte der Bohnen richtet sich ihre Verwendung. Für Schnittbohnen eignen sich flache, breite Sorten, am besten junge Stangenbohnen. Die runden, fleischigen, sogenannten Speckbohnen als Brechbohnen verarbeiten; Prinzeßbohnen oder gelbe Wachsbohnen als Salatbohnen verwenden.

2 – 2½ kg Bohnen (für 4 Gläser von je 1 l Inhalt) putzen, evtl. abfädeln, waschen, schnippeln (Bohnenschneidemaschine oder Schnippelmesser) oder in etwa 4 cm lange Stücke brechen oder schneiden, in die vorbereiteten Einkochgläser (S. 12 Punkt 5 – 7) füllen
die Bohnen mit abgekochtem, etwas abgekühltem Wasser übergießen
im übrigen die allgemeinen Einkochregeln S. 12 ab Punkt 8 beachten

Einkochzeit: 2 Stunden bei 98° C.

Veränderung: Brech- oder Salatbohnen nach dem Vorbereiten in nicht zu großer Menge in kochendes Wasser geben, kurz aufwellen lassen, gut abgetropft in die vorbereiteten Einkochgläser füllen
die Bohnen mit kochendheißem Wasser übergießen
im übrigen die allgemeinen Einkochregeln S. 12 ab Punkt 8 beachten

Einkochzeit: 1½ Stunden bei 98° C.

Dicke Bohnen

10 – 12 kg Bohnen mit Schoten (für 4 Gläser von je 1 l Inhalt) auspalen, waschen, in
kochendes Salzwasser (auf 1 l Wasser 10 g Salz) geben, zum Kochen bringen, kurz aufkochen lassen
die Bohnen auf ein Sieb geben, kurz in kaltes Wasser tauchen, in die vorbereiteten Einkochgläser (S. 12 Punkt 5 – 7) füllen
die Bohnen mit dem Kochwasser übergießen
im übrigen die allgemeinen Einkochregeln S. 12 ab Punkt 8 beachten

Einkochzeit: 1½ Stunden bei 98° C.

Rote Bete

Rote Rüben

Von
20 mittelgroßen Knollen Rote Bete (für 4 Gläser von je 1 l Inhalt) Wurzeln und Blätter etwa 3 cm hoch über den Knollen abschneiden, damit sie während des Kochens nicht ausgelaugt werden
die Knollen mit einer Bürste unter fließendem kaltem Wasser reinigen, in
kochendes Salzwasser (auf 1 l Wasser 1 Teel. Salz) geben, zum Kochen bringen, weich kochen lassen
die Rote Bete aus dem Kochwasser nehmen, mit kaltem Wasser übergießen, schälen, in Scheiben schneiden

für die Essig-Zucker-Lösung
125 g Zucker mit
750 ml (¾ l) Wasser zum Kochen bringen, kurz aufkochen lassen (Zucker muß sich vollständig lösen), abschäumen
375 ml (⅜ l) Weinessig hinzufügen, abkühlen lassen
4 kleine Zwiebeln abziehen, waschen, in Scheiben schneiden
Rote Bete und Zwiebeln abwechselnd mit
2 in kleine Stücke gebrochenen Lorbeerblättern in die vorbereiteten Einkochgläser (S. 12 Punkt 5 – 7) füllen
die Essig-Zucker-Lösung über die Rote Bete gießen
im übrigen die allgemeinen Einkochregeln S. 12 ab Punkt 8 beachten

Einkochzeit: 30 Minuten bei 98° C.

Spargel

4–6 kg Spargel (für 4 Gläser von je ¾–1 l Inhalt, schmale, hohe Gläser sind am besten geeignet) waschen, von oben nach unten schälen, darauf achten, daß die Schalen vollständig entfernt, die Köpfe aber nicht verletzt werden
die Stangen möglichst der Glashöhe entsprechend lang schneiden (holzige Teile vollkommen entfernen), mit den Köpfen nach unten in die vorbereiteten Einkochgläser (S. 12 Punkt 5–7) stellen
den Spargel mit kochendem Wasser übergießen, abgießen, die Gläser wieder mit heißem Wasser füllen
im übrigen die allgemeinen Einkochregeln S. 12 ab Punkt 8 beachten

Einkochzeit: 1½–2 Stunden bei 98° C.

Spargelstücke

Bruchspargel

3–4 kg Spargelstücke (für 4 Gläser von je 1 l Inhalt) waschen, schälen, darauf achten, daß die Schalen vollständig entfernt, die Köpfe aber nicht verletzt werden
den Spargel in 3–4 cm lange Stücke schneiden (holzige Teile vollkommen entfernen)
die Spargelstücke in eine Schüssel geben, mit kochendem Wasser übergießen, 10 Minuten darin ziehen lassen, abgießen
den Spargel in die vorbereiteten Einkochgläser (S. 12 Punkt 5–7) füllen, mit heißem Wasser übergießen
im übrigen die allgemeinen Einkochregeln S. 12 ab Punkt 8 beachten

Einkochzeit: 1½ Stunden bei 98° C.

Erbsen

(Abb. nebenstehend)

7–9 kg Erbsen mit Hülsen (für 4 Gläser von je 1 l Inhalt) auspalen, waschen, bis knapp unter den Rand in die vorbereiteten Einkochgläser (S. 12 Punkt 5–7) füllen
die Erbsen bis etwa 3 cm unter dem Glasrand mit kaltem Wasser übergießen
im übrigen die allgemeinen Einkochregeln S. 12 ab Punkt 8 beachten

Einkochzeit: 1½ Stunden bei 98° C, am nächsten Tag die Erbsen ein zweites Mal einkochen, und zwar 1 Stunde bei 98° C.

Schwarzwurzeln

Etwa 4½ kg Schwarzwurzeln (für 4 Gläser von je 1 l Inhalt) gründlich unter fließendem Wasser bürsten, schaben, kurz abspülen
die Stangen in etwa 3 cm lange Stücke schneiden, sofort in
schwaches Essigwasser (auf 1 l Wasser 3 Eßl. Essig) legen
die Schwarzwurzeln gut abtropfen lassen, in die vorbereiteten Einkochgläser (S. 12 Punkt 5 – 7) füllen
die Schwarzwurzeln mit kaltem Wasser übergießen
im übrigen die allgemeinen Einkochregeln S. 12 ab Punkt 8 beachten

Einkochzeit: 1½ Stunden bei 98°C.

Veränderung: Falls die Schwarzwurzeln vorgekocht werden sollen, die vorbereiteten, abgetropften Schwarzwurzelstücke in
kochendes Essigwasser (auf 1 l Wasser 3 Eßl. Essig) geben, zum Kochen bringen, 5 Minuten darin ziehen lassen, mit dem Schaumlöffel herausnehmen, in die vorbereiteten Einkochgläser (S. 12 Punkt 5 – 7) füllen
die Schwarzwurzeln mit heißem Wasser übergießen
im übrigen die allgemeinen Einkochregeln S. 12 ab Punkt 8 beachten

Einkochzeit: 1 Stunde bei 98° C.

Kohlrabi

15 – 20 junge, zarte Kohlrabi (für 4 Gläser von je 1 l Inhalt) schälen, waschen, in Scheiben oder Streifen schneiden, in die vorbereiteten Einkochgläser (S. 12 Punkt 5 – 7) füllen
das Kohlrabigemüse mit kaltem Wasser übergießen
im übrigen die allgemeinen Einkochregeln S. 12 ab Punkt 8 beachten

Einkochzeit: 2 Stunden bei 98° C.

Veränderung: Falls es sich um härtere Kohlrabi handelt, empfiehlt es sich, das vorbereitete Gemüse vor dem Einfüllen in die Gläser in kochendes Wasser zu geben und 3 Minuten darin ziehen zu lassen
das abgetropfte heiße Gemüse in die vorbereiteten Einkochgläser füllen, mit heißem Wasser übergießen
im übrigen die allgemeinen Einkochregeln S. 12 ab Punkt 8 beachten

Einkochzeit: 1½ Stunden bei 98° C.

Broccoli

3 kg Broccoli (für 4 Gläser von je 1 l Inhalt) putzen, waschen, in Stücke teilen, in

kochendes Salzwasser geben, zum Kochen bringen, etwa 3 Minuten kochen lassen
den Broccoli zum Abtropfen auf ein Sieb geben, in die vorbereiteten Einkochgläser (S. 12 Punkt 5 – 7) füllen

heißes Salzwasser mit

geriebener Muskatnuß würzen, über den Broccoli gießen
im übrigen die allgemeinen Einkochregeln S. 12 ab Punkt 8 beachten

Einkochzeit: 1 Stunde bei 98° C.

Sellerie

8 – 12 mittelgroße Sellerieknollen (für 4 Gläser von je 1 l Inhalt) gründlich unter fließendem Wasser bürsten, mit der Schale in

kochendes Salz-Essigwasser (auf 1 l Wasser 1 Teel. Salz, 2 – 3 Eßl. Essig) geben, zum Kochen bringen, fast gar kochen lassen
die Knollen aus dem Wasser nehmen, mit kaltem Wasser übergießen, abziehen, in Scheiben schneiden, in die vorbereiteten Einkochgläser (S. 12 Punkt 5 – 7) füllen
das Selleriegemüse mit heißem Wasser übergießen, im übrigen die allgemeinen Einkochregeln S. 12 ab Punkt 8 beachten

Einkochzeit: 1 Stunde bei 98° C.

Paprikaschoten

Von

16 mittelgroßen Paprikaschoten (für 4 Gläser von je 1 l Inhalt) am Stiel einen Deckel abschneiden, Kerne und weiße Scheidewände entfernen, die Schoten waschen, abtrocknen, in die vorbereiteten Einkochgläser (S. 12 Punkt 5 – 7) legen

für das Essigwasser

8 Eßl. Essig
2 l Wasser
30 g Salz zum Kochen bringen, abkühlen lassen, über die Paprikaschoten gießen
im übrigen die allgemeinen Einkochregeln S. 12 ab Punkt 8 beachten

Einkochzeit: 1 Stunde bei 90° C.

Rotkohl

	Von
etwa 2½ kg Rotkohl (für 4 Gläser von je 1 l Inhalt)	die äußeren Blätter und die schlechten Stellen entfernen den Kopf halbieren, den Strunk herausschneiden, jede Hälfte kurz waschen, möglichst fein schneiden oder hobeln den Kohl in eine entsprechend große Schüssel geben, mit
Essig (auf 1 kg Rotkohl 2 Eßl. Essig)	übergießen, mit
Zucker	
Salz	bestreuen, mischen, mit einem Tuch bedeckt an einem kühlen Ort über Nacht stehenlassen den Rotkohl mit der sich gebildeten Flüssigkeit in die vorbereiteten Einkochgläser (S. 12 Punkt 5 – 7) füllen im übrigen die allgemeinen Einkochregeln S. 12 ab Punkt 8 beachten
Einkochzeit:	1½ Stunden bei 98° C.

Paprika-Gurken-Gemüse

(Abb. S. 33)

1 kg rote Paprikaschoten
1 kg grüne Paprikaschoten
1 kg Salatgurken (für 4 Gläser von je 1 l Inhalt)

die Paprikaschoten halbieren, entstielen, entkernen, die weißen Scheidewände entfernen, die Schoten waschen
die Gurken schälen, halbieren, entkernen
beide Zutaten in Stücke schneiden, in die vorbereiteten Einkochgläser (S. 12 Punkt 5 – 7) füllen

1½ l Wasser mit
1 l Weißwein
Salz kurz erhitzen, über das Gemüse gießen
im übrigen die allgemeinen Einkochregeln S. 12 ab Punkt 8 beachten

Einkochzeit: 30 Minuten bei 98° C.

Staudensellerie

(Abb. S. 33)

3 kg Staudensellerie (für 4 Gläser von je 1 l Inhalt) putzen, waschen, in 10 cm lange Stücke schneiden, in die vorbereiteten Einkochgläser (S. 12 Punkt 5 – 7) füllen, mit
kaltem Salzwasser übergießen
im übrigen die allgemeinen Einkochregeln S. 12 ab Punkt 8 beachten

Einkochzeit: 1½ Stunden bei 98° C.

Wirsing

(Abb. S. 33)

Etwa 3 kg Wirsing (für 4 Gläser von je 1 l Inhalt) von den äußeren Blättern und schlechten Stellen befreien, den Kopf halbieren, vierteln, den Strunk herausschneiden
den Kohl möglichst fein schneiden oder hobeln, in
kochendes Salzwasser geben, zum Kochen bringen, kurz aufkochen lassen
den Wirsing zum Abtropfen auf ein Sieb geben, in die vorbereiteten Einkochgläser (S. 12 Punkt 5 – 7) füllen
den Wirsing mit

heißem Salzwasser übergießen
im übrigen die allgemeinen Einkochregeln S. 12 ab Punkt 8 beachten
Einkochzeit: 1½ Stunden bei 98° C.

Senfgurken

Etwa 6 kg ausgewachsene, aber feste Gurken (für 4 Gläser von je 1 l Inhalt) waschen, schälen, der Länge nach durchschneiden, das Mark mit einem Löffel auskratzen
die Gurken in fingerlange Streifen schneiden, mit
Salz (auf je 1 kg Gurken, vorbereitet gewogen, 30 g Salz) in eine Schüssel schichten, mit einem Tuch bedeckt, 12 – 24 Stunden an einem kühlen Ort stehenlassen
die Gurken gut abtropfen lassen, sorgfältig abtrocknen
50 g Perlzwiebeln abziehen, waschen
1 Stück Meerrettich putzen, waschen, in Stücke schneiden
Gurken, Zwiebeln, Meerrettich mit
2 Gewürzkörnern
1 Lorbeerblatt
3 – 4 weißen und schwarzen Pfefferkörnern
15 g gelben Senfkörnern in die vorbereiteten Einkochgläser (S. 12 Punkt 5 – 7) füllen

für die Essig-Zucker-Lösung

150 – 200 g Zucker mit
gut 500 ml (½ l) Wasser zum Kochen bringen, kurz aufkochen lassen (Zucker muß sich vollständig lösen), abschäumen
gut 250 ml (¼ l) Weinessig hinzufügen, abkühlen lassen
die Essig-Zucker-Lösung über die Gurken gießen
im übrigen die allgemeinen Einkochregeln S. 12 ab Punkt 8 beachten
Einkochzeit: 30 Minuten bei 75° C.

Tomatenmark

Etwa 5 kg reife Tomaten (für 4 Gläser von je 1 l Inhalt) waschen, in kleine Stücke schneiden, etwas zerdrücken, unter Rühren zum Kochen bringen, etwas einkochen lassen, die Tomaten durch ein Sieb streichen, das Mark in die vorbereiteten Einkochgläser (S. 12 Punkt 5 – 7) füllen
im übrigen die allgemeinen Einkochregeln S. 12 ab Punkt 8 beachten
Einkochzeit: 30 Minuten bei 98° C.

Paprikaschnitzel

14 – 16 Paprikaschoten (für 4 Gläser von je 1 l Inhalt)	halbieren, entstielen, entkernen, die weißen Scheidewände entfernen, die Schoten waschen, abtrocknen, in feine Streifen schneiden, fest in die vorbereiteten Einkochgläser (S. 12 Punkt 5 – 7) füllen
	für das Essigwasser
1 l Essig	
1 l Wasser	zum Kochen bringen, abkühlen lassen, über die Paprikaschnitzel gießen im übrigen die allgemeinen Einkochregeln S. 12 ab Punkt 8 beachten
Einkochzeit:	30 Minuten bei 90° C.

Essiggurken

Etwa 2½ kg kleine, feste Gurken (für 4 Gläser von je 1 l Inhalt)	waschen, mit
Salzwasser (1 l Wasser 75 g Salz)	bedecken, 12 – 24 Stunden an einem kühlen Ort stehenlassen, danach sorgfältig bürsten, abspülen die Gurken abtrocknen, schlechte Stellen entfernen
auf je 1 kg Gurken:	
150 g Perlzwiebeln	abziehen, waschen
2 Teel. Gurkengewürz	
gewaschene Dilldolden	
	Gurken, Zwiebeln, Gewürz (am besten im Mullbeutelchen), Dilldolden fest in die vorbereiteten Einkochgläser (S. 12 Punkt 5 – 7) schichten
	für die Essig-Zucker-Lösung
200 g Kandiszucker	mit
1 l Wasser	zum Kochen bringen, kurz aufkochen lassen (Zucker muß sich vollständig lösen), abschäumen
500 ml (½ l) Weinessig	hinzufügen, abkühlen lassen, über die Gurken gießen im übrigen die allgemeinen Einkochregeln S. 12 ab Punkt 8 beachten
Einkochzeit:	25 – 30 Minuten bei 75° C.

Kürbis, süß-sauer

Etwa 4 kg Kürbis (für 4 Gläser von je 1 l Inhalt) schälen, das Mark mit einem Löffel auskratzen
den Kürbis mit dem Buntschneidemesser in kleine Würfel schneiden, in eine Schüssel geben

Weinessig und Wasser (auf je 1 kg Kürbis, vorbereitet gewogen, 125 ml (⅛ l) Essig und 125 ml (⅛ l) Wasser) mischen, über den Kürbis gießen, mit einem Tuch bedeckt über Nacht an einem kühlen Ort stehenlassen
den Kürbis mit einem Schaumlöffel herausnehmen, gut abtropfen lassen

für die Essig-Zucker-Lösung

1500 g (1½ kg) Zucker
375 ml (⅜ l) Weinessig
375 ml (⅜ l) Wasser
Saft und Schale einer halben Zitrone (unbehandelt)
1 kleines Stück geschälte Ingwerwurzel zum Kochen bringen, den Kürbis nach und nach darin glasig kochen (nicht zu weich werden lassen), in die vorbereiteten Einkochgläser (S. 12 Punkt 5 – 7) füllen
die Essig-Zucker-Lösung abkühlen lassen, über den Kürbis gießen im übrigen die allgemeinen Einkochregeln S. 12 ab Punkt 8 beachten

Einkochzeit: 30 Minuten bei 75° C.

Tomaten

Etwa 3 kg reife, aber feste, möglichst nicht zu große Tomaten (für 4 Gläser von je 1 l Inhalt) waschen, in die vorbereiteten Einkochgläser (S. 12 Punkt 5 – 7) füllen, mit kaltem Wasser übergießen
im übrigen die allgemeinen Einkochregeln S. 12 ab Punkt 8 beachten
damit die Tomaten nicht platzen, das Einkochwasser langsam erhitzen

Einkochzeit: 30 Minuten bei 85° C.

Steinpilze

	Von
etwa 4 kg frischen, jungen Pilzen (für 4 Gläser von je 1 l Inhalt)	die braune Haut abziehen, die Röhren entfernen die Pilze waschen, kleine ganz lassen, größere in Viertel, Achtel oder in Scheiben schneiden die Pilze in
kochendes Wasser	geben, gut 4 Minuten darin ziehen lassen, damit sie weiß bleiben, mit einem Schaumlöffel in die vorbereiteten Einkochgläser (S. 12 Punkt 5 – 7) füllen das Pilzkochwasser durch ein Sieb gießen, über die Pilze geben im übrigen die allgemeinen Einkochregeln S. 12 ab Punkt 8 beachten
Einkochzeit:	1 Stunde bei 98° C.
Anmerkung:	Zum Einkochen nur frische, junge Pilze verwenden.

Pfifferlinge

(Abb. nebenstehend)

Etwa 5½ kg Pfifferlinge (für 4 Gläser von je 1 l Inhalt)	putzen, gründlich waschen, kleinere ganz lassen, größere in Hälften oder Scheiben schneiden die Pilze in 4 Portionen verarbeiten dazu jedesmal in den Kochtopf so viel Wasser geben, daß der Boden bedeckt ist das Wasser zum Kochen bringen, ¼ der Pilzmenge hineingeben, im offenen Topf 10 Minuten schwach kochen lassen die heißen Pilze mit einem Schaumlöffel in eines der vorbereiteten Einkochgläser (S. 12 Punkt 5 – 7) füllen das Pilzkochwasser durch ein Sieb gießen, über die Pilze geben im übrigen die allgemeinen Einkochregeln S. 12 ab Punkt 8 beachten
Einkochzeit:	1 Stunde bei 98° C.
Anmerkung:	Zum Einkochen nur frische, junge Pilze verwenden.

Champignons

Etwa 3½ kg Champignons (für 4 Gläser von je 1 l Inhalt) putzen (Lamellen nicht entfernen), waschen, Zuchtchampignons nur waschen

die Pilze in 4 Portionen verarbeiten

dazu jedesmal in den Kochtopf so viel Wasser geben, daß der Boden bedeckt ist

das Wasser zum Kochen bringen, ¼ der Pilzmenge hineingeben, im offenen Topf 10 Minuten schwach kochen lassen

die heißen Pilze mit einem Schaumlöffel in eines der vorbereiteten Einkochgläser (S. 12 Punkt 5 – 7) füllen

das Pilzkochwasser durch ein Sieb gießen, über die Pilze geben

im übrigen die allgemeinen Einkochregeln S. 12 ab Punkt 8 beachten

Einkochzeit: 1 Stunde bei 98° C.

Anmerkung: Zum Einkochen nur frische, junge Pilze verwenden.

Rinderrouladen

(Abb. nebenstehend)

4 Scheiben Rindfleisch je etwa 150 g, aus der Keule geschnitten (für 1 Glas von 1 l Inhalt)	leicht klopfen, mit
Senf	bestreichen, mit
Salz	
Pfeffer	bestreuen
2 Zwiebeln	abziehen, würfeln
60 g fetten Speck	in Streifen oder Scheiben schneiden beide Zutaten auf die Fleischscheiben legen, von der schmalen Seite her aufrollen, mit einer Bratennadel zusammenhalten
50 g Fett	erhitzen, die Rouladen von allen Seiten gut darin bräunen etwas von
250 ml (¼ l) heißem Wasser	hinzufügen, die Rouladen 1 Stunde schmoren lassen, ab und zu wenden, verdampfte Flüssigkeit nach und nach ersetzen die noch heißen Rouladen in das vorbereitete Einkochglas (S. 13 Punkt 1 – 2) füllen, mit dem losgekochten Bratensatz übergießen im übrigen die allgemeinen Einkochregeln S. 14 ab Punkt 3 beachten
Einkochzeit:	2 Stunden bei 98° C.

Gulasch

Knapp 1 kg Rindfleisch (für 1 Glas von 1 l Inhalt) waschen, abtrocknen, in etwa 2 cm große Würfel schneiden

75 g Fett erhitzen, das Fleisch von allen Seiten gut darin bräunen

2 Zwiebeln abziehen, würfeln, hinzugeben, mitbräunen lassen, mit

Salz
Pfeffer
Paprika edelsüß würzen

etwas von

250 ml (¼ l) heißem Wasser hinzufügen, das Fleisch 1 Stunde schmoren lassen, verdampfte Flüssigkeit nach und nach ersetzen

das heiße Fleisch in das vorbereitete Einkochglas (S. 13 Punkt 1 – 2) füllen, mit dem Bratensatz übergießen

im übrigen die allgemeinen Einkochregeln S. 14 ab Punkt 3 beachten

Einkochzeit: 2 Stunden bei 98° C.

Gefülltes Eisbein

4 kleine Eisbeine, Knochen ausgelöst (für 4 Gläser von je 1 l Inhalt) waschen, trockentupfen

die gewaschenen Knochen in etwas Wasser, mit

Salz
1 Lorbeerblatt zum Kochen bringen, etwa 45 Minuten kochen lassen

250 g Hackfleisch (vom Schwein) mit

Pökelsalz
Pfeffer würzen, die Eisbeine damit füllen, in die vorbereiteten Einkochgläser (S. 13 Punkt 1 – 2) geben, so viel von der Kochbrühe darüber gießen, daß sie ⅓ über dem Eisbein steht

im übrigen die allgemeinen Einkochregeln S. 14 ab Punkt 3 beachten

Einkochzeit: 2½ Stunden bei 98° C.

Mett

3 kg Hackfleisch vom Schwein (für 4 Gläser von je 1 l Inhalt) mit

Pökelsalz
Pfeffer würzen

3 große Zwiebeln abziehen, reiben, mit dem Fleisch gut vermengen

das Fleisch in die vorbereiteten Einkochgläser (S. 13 Punkt 1 – 2) füllen

im übrigen die allgemeinen Einkochregeln S. 14 ab Punkt 3 beachten

Einkochzeit: 1½ Stunden bei 98° C.

Konfitüren und Marmeladen

Zubereitung von Konfitüre und Marmelade mit Gelfix und Gelfix Zwei + Eins

zuckersparendes Geliermittel

Wichtige allgemeine Regeln

1. Nur Obst von bester Beschaffenheit ist zum Haltbarmachen geeignet.
2. So frisch wie möglich muß das Einmachgut verarbeitet werden. Im eigenen Garten das Obst in den frühen Morgenstunden ernten, bevor die Hitze des Tages sich auswirkt, und nur so viel vorbereiten, wie am gleichen Tag verwertet werden kann. Nur in Ausnahmefällen Obst bis zum anderen Tag aufbewahren, dann an einem kühlen Ort trocken, aber ausgebreitet lagern.
3. Zum Kochen der Früchte eignen sich sowohl Emaille- als auch Edelstahltöpfe. Beschädigte Töpfe sollen in der Einmachküche nicht benutzt werden.
4. Alle Einmachgefäße und -geräte dürfen nur ausschließlich für ihren besonderen Zweck verwendet und vor allem nicht mit Fett in Berührung gebracht werden. Sie gründlich vor jedem Gebrauch mit heißem Wasser unter Zusatz eines handelsüblichen Spülmittels reinigen, sie in klarem Wasser nachspülen und, auf ein Tuch gestülpt, ablaufen lassen.
5. Auf größte Sauberkeit muß beim Einmachen unbedingt geachtet werden. Schon das kleinste Krümchen Brot, das in ein Einmachgefäß fällt, kann den Inhalt zum Gären, d. h. zum Verderben bringen.
6. **Die vorgeschriebenen Mengen genau einhalten, nicht schätzen, sondern wiegen. Bitte nicht größere Fruchtmengen, als im Rezept angegeben, auf einmal kochen.**
7. Die Kochtöpfe müssen so groß sein, daß sie höchstens ¼ mit Frucht gefüllt sind. Bei Fruchtmengen unter 1½ kg eignen sich am besten Töpfe mit einem Durchmesser von 24 cm. Beträgt die Fruchtmenge 1½ kg und mehr, Töpfe mit einem Durchmesser von 28 cm verwenden.
8. Besonders vorteilhaft füf Konfitüre (Marmelade) sind Gläser in der Größe von ⅜ Liter.
9. Es ist zweckmäßig, auf jedes Gefäß ein Schildchen mit der Bezeichnung des Eingemachten und dem Datum der Herstellung zu kleben, damit das ältere Eingemachte stets zuerst verwendet wird.
10. Alles Eingemachte muß an einem trockenen kühlen, der Zugluft zugänglichen Ort aufbewahrt und von Zeit zu Zeit durchgesehen werden (direkte Sonnenbestrahlung vermeiden).
11. Sollte Konfitüre (Marmelade) durch ungünstige Aufbewahrung (zu warm) zu fest geworden sein, kann man sie bei Zugabe von etwas heißem Wasser wieder geschmeidig rühren.

Konfitüre und Marmelade mit Gelfix

Regeln

1. Die abgewogene Fruchtmenge in einen Kochtopf geben. Von der abgewogenen Menge Zucker 2 Eßl. voll abnehmen, mit dem Inhalt des Beutels Gelfix mischen und mit der Fruchtmenge verrühren.
2. Das Kochgut unter ständigem Rühren bei starker Hitze (Gas große Flamme, Strom Stufe 3) zum Kochen bringen. Dabei darauf achten, daß etwa noch vorhandene Klümpchen Gelfix durch Zerdrücken vollständig gelöst werden.

3. Sobald alles bei starker Hitze (Gas große Flamme, Strom Stufe 3) bei ständigem Rühren durch und durch sprudelnd kocht, den restlichen Zucker (auf keinen Fall weniger nehmen) einrühren und das Ganze wieder zum Kochen bringen.
4. Wenn die Konfitüre (Marmelade) bei starker Hitze (Gas große Flamme, Strom Stufe 3) durch und durch stark kocht, sie
   1 Minute (nach der Uhr!)
   unter ständigem Rühren auf halbgroßer Flamme bzw. auf Stufe 0 oder Stufe 1 sprudelnd kochen lassen.
   Für **Doppelkochungen** die im Rezept vorgeschriebenen Mengen beachten, wie in Punkt 1 – 4 beschrieben verarbeiten,
   aber 2 Minuten (nach der Uhr!)
   unter ständigem Rühren sprudelnd kochen lassen.

   Den Topf von der Kochstelle nehmen, Konfitüre (Marmelade) evtl. abschäumen.
5. Zum Einfüllen die Gläser auf ein feuchtes Tuch stellen.

Verwendung von Gläsern mit Twist-off-Deckeln

Konfitüre (Marmelade) sofort **kochendheiß** randvoll in die vorbereiteten Gläser füllen, **sofort** verschließen, umdrehen, etwa 5 Minuten auf dem Deckel stehenlassen
oder
damit die Früchte gleichmäßig im Glas verteilt sind, ist es ratsam, die Konfitüre (Marmelade) im Kochtopf noch 5 Minuten weiterzurühren.
Sie dann in die vorbereiteten Gläser füllen, **sofort** verschließen, umdrehen, etwa 5 Minuten auf dem Deckel stehenlassen.

Verwendung von Zubindegläsern

Methode A
Konfitüre (Marmelade) sofort **kochendheiß** randvoll in die vorbereiteten Gläser füllen, **sofort** mit Sichtfolie verschließen. Dazu Sichtfolie in passende Stücke schneiden, straff über die Öffnung ziehen, mit einem Gummibändchen befestigen
oder
damit die Früchte gleichmäßig im Glas verteilt sind, ist es ratsam, die Konfitüre (Marmelade) im Kochtopf noch 5 Minuten weiterzurühren.
Sie dann in die vorbereiteten Gläser füllen, **sofort** mit Sichtfolie verschließen (dafür die Gläser randvoll einfüllen).

Methode B
Konfitüre (Marmelade) in die vorbereiteten Gläser füllen, erkalten lassen und dann verschließen.
Dafür zum Bedecken aus Pergamentpapier runde Blättchen in der Größe der Oberfläche des Eingemachten schneiden (auf keinen Fall kleiner, denn die Oberfläche muß vollkommen bedeckt sein).
Die Blättchen durch Kornbranntwein, Rum oder Essig ziehen, auf das Eingemachte legen und gut andrücken, um die Oberfläche vor Schimmel zu bewahren.
Die feuchten Blättchen gleichmäßig mit etwas Einmach-Hilfe bestreuen.
Zum Zubinden Sichtfolie in passende Stücke schneiden, straff über die Öffnung ziehen, mit einem Gummibändchen befestigen.

Konfitüre mit Gelfix Zwei + Eins

zuckersparendes Geliermittel

Regeln

1. Die gesäuberten Früchte nach Belieben stückig oder musig zerkleinern, wiegen (1 kg) und in einen Kochtopf geben.
2. Von der abgewogenen Menge Zucker (½ kg) 2 Eßl. voll abnehmen, mit dem Inhalt des Beutels Gelfix Zwei + Eins mischen und mit der Fruchtmenge verrühren.
3. Das Kochgut unter ständigem Rühren bei mittlerer Hitze (Strom: Stufe 2 – 2½, Automatikplatte 8 – 9; Gas: mittelgroße Flamme) zum Kochen bringen. Wenn es kocht, den restlichen Zucker hinzufügen und das Ganze unter Rühren wieder zum Kochen bringen.
4. Die Konfitüre **1 Minute (nach der Uhr!)** unter ständigem Rühren kochen lassen, von der Kochstelle nehmen.
   Damit die Früchte gleichmäßig im Glas verteilt sind, evtl. die Konfitüre im Kochtopf noch einige Male umrühren. Sie dann **sofort** in die vorbereiteten Gläser füllen.
5. Zum Einfüllen die Gläser auf ein feuchtes Tuch stellen.

Verwendung von Gläsern mit Twist-off-Deckeln

Konfitüre sofort nach der Zubereitung (Punkt 4) randvoll in die vorbereiteten Gläser füllen, **sofort** verschließen, umdrehen, etwa 5 Minuten auf dem Deckel stehenlassen.

Verwendung von Zubindegläsern

Konfitüre sofort nach der Zubereitung (Punkt 4) randvoll in die vorbereiteten Gläser füllen, **sofort** mit Sichtfolie verschließen.
Dazu Sichtfolie in passende Stücke schneiden, straff über die Öffnung ziehen, mit einem Gummibändchen befestigen.

Stachelbeer-Konfitüre

1375 g ($1\frac{3}{8}$ kg) reife Stachelbeeren (vorbereitet gewogen)

vorbereiten: Stachelbeeren von Stiel und Blüte befreien, sorgfältig waschen, gut abtropfen lassen, durch den Fleischwolf drehen, wiegen (1375 g)
die weitere Verarbeitung mit

1 Beutel Gelfix
1500 g ($1\frac{1}{2}$ kg) Zucker

erfolgt nach den auf S. 44/45 angegebenen Regeln zur Herstellung von Konfitüre

Doppelkochung:
2375 g ($2\frac{3}{8}$ kg) reife Stachelbeeren (vorbereitet gewogen)

Stachelbeeren wie oben vorbereiten
die weitere Verarbeitung mit

2 Beuteln Gelfix
2500 g ($2\frac{1}{2}$ kg) Zucker

erfolgt nach den auf S. 44/45 angegebenen Regeln zur Herstellung von Konfitüre
Einfüllen der Konfitüre und Verschließen der Gläser s. S. 45
Aufbewahren der Gläser s. Regeln S. 44.

Veränderung: Unter die Konfitüre zum Schluß 4 Eßl. Wodka rühren, für eine Doppelkochung 8 Eßl. nehmen.

Johannisbeer-Kirsch-Konfitüre

500 g ($\frac{1}{2}$ kg) rote Johannisbeeren (vorbereitet gewogen)

vorbereiten: Johannisbeertrauben waschen, gut abtropfen lassen, sorgfältig verlesen, entstielen, durch ein Sieb streichen, wiegen (500 g)

500 g ($\frac{1}{2}$ kg) Süßkirschen (vorbereitet gewogen)

vorbereiten: Kirschen waschen, gut abtropfen lassen, entstielen, entsteinen, vierteln, wiegen (500 g)
die weitere Verarbeitung mit

1 Beutel Gelfix Zwei + Eins
500 g ($\frac{1}{2}$ kg) Zucker

erfolgt nach den auf S. 46 angegebenen Regeln zur Herstellung von Konfitüre mit Gelfix Zwei + Eins
zum Schluß

2 Eßl. Amaretto (Mandellikör)

unterrühren
Einfüllen der Konfitüre und Verschließen der Gläser s. S. 46
Aufbewahren der Gläser s. Regeln S. 44.

Johannisbeer-Konfitüre

aus roten Johannisbeeren
(Abb. nebenstehend)

1250 g (1¼ kg) Johannisbeeren (vorbereitet gewogen)

vorbereiten: Johannisbeertrauben waschen, gut abtropfen lassen, sorgfältig verlesen, entstielen, wiegen (1250 g)
die Früchte zerdrücken, am besten mit einem Stampfer
die weitere Verarbeitung mit

1 Beutel Gelfix
1000 g (1 kg) Zucker

erfolgt nach den auf S. 44/45 angegebenen Regeln zur Herstellung von Konfitüre

Doppelkochung:
2000 g (2 kg) Johannisbeeren (vorbereitet gewogen)

Johannisbeertrauben wie oben vorbereiten
die weitere Verarbeitung mit

2 Beuteln Gelfix
1750 g (1¾ kg) Zucker

erfolgt nach den auf S. 44/45 angegebenen Regeln zur Herstellung von Konfitüre
Einfüllen der Konfitüre und Verschließen der Gläser (S. 45)
Aufbewahren der Gläser s. Regeln S. 44.

Hagebutten-Konfitüre

würzig

1000 g (1 kg) Hagebutten (vorbereitet gewogen)	vorbereiten: Hagebutten verlesen, entstielen, waschen, gut abtropfen lassen, wiegen (1000 g) die Früchte mit
750 ml (¾) Wasser	im zugedeckten Topf zum Kochen bringen, etwa 25 Minuten kochen lassen, durch ein Sieb streichen, wiegen (700 g, evtl. mit Wasser auffüllen), abkühlen lassen
3 Gewürznelken abgeriebene Schale von ½ Zitrone (unbehandelt)	unterrühren die weitere Verarbeitung mit
1 Beutel Gelfix 800 g Zucker ½ gestrichenen Teel. gemahlenem Zimt	(Zucker und Zimt mischen) erfolgt nach den auf S. 44/45 angegebenen Regeln zur Herstellung von Konfitüre
1 – 2 Eßl. Zitronensaft	unterrühren Einfüllen der Konfitüre und Verschließen der Gläser s. S. 45 Aufbewahren der Gläser s. Regeln S. 44.

Mehrfrucht-Konfitüre

Für diese Konfitüre eignen sich Aprikosen, Brombeeren, Erdbeeren, Himbeeren, Johannisbeeren, Kirschen, Rhabarber, Stachelbeeren

Aprikosen waschen, gut abtropfen lassen, entsteinen, in kleine Stücke schneiden

Brombeeren verlesen, evtl. entstielen, vorsichtig waschen, zerdrücken

Erdbeeren waschen, gut abtropfen lassen, entstielen, zerdrücken

Himbeeren verlesen, evtl. entstielen, zerdrücken

Johannisbeertrauben waschen, gut abtropfen lassen, entstielen, zerdrücken

Kirschen waschen, gut abtropfen lassen, entstielen, entsteinen

Rhabarber waschen, abtrocknen (nicht abziehen), in kleine Stücke schneiden

Stachelbeeren von Stiel und Blüte befreien, waschen, gut abtropfen lassen, durch den Fleischwolf drehen die weitere Verarbeitung mit

1000 g (1 kg) gemischten Früchten (vorbereitet gewogen)

1 Beutel Gelfix Zwei + Eins

500 g (½ kg) Zucker erfolgt nach den auf S. 46 angegebenen Regeln zur Herstellung von Konfitüre mit Gelfix Zwei + Eins

Einfüllen der Konfitüre und Verschließen der Gläser s. S. 46

Aufbewahren der Gläser s. Regeln S. 44.

Erdbeer-Konfitüre

1000 g (1 kg) Erdbeeren (vorbereitet gewogen)

vorbereiten: Erdbeeren waschen, abtropfen lassen, sorgfältig verlesen, entstielen, wiegen (1000 g)

die Früchte stückig oder musig zerkleinern

die weitere Verarbeitung mit

1 Beutel Gelfix Zwei + Eins

500 g (½ kg) Zucker erfolgt nach den auf S. 46 angegebenen Regeln zur Herstellung von Konfitüre mit Gelfix Zwei + Eins

Einfüllen der Konfitüre und Verschließen der Gläser (S. 46)

Aufbewahren der Gläser s. Regeln S. 44.

Erdbeer-Konfitüre

(Abb. nebenstehend)

1000 g (1 kg) Erdbeeren (vorbereitet gewogen)

vorbereiten: Erdbeeren waschen, gut abtropfen lassen, sorgfältig verlesen, entstielen, wiegen (1000 g)
die Früchte zerdrücken, am besten mit einem Stampfer
die weitere Verarbeitung mit

1 Beutel Gelfix
1125 g (1⅛ kg) Zucker

erfolgt nach den auf S. 44/45 angegebenen Regeln zur Herstellung von Konfitüre

Doppelkochung:
1750 g (1¾ kg) Erdbeeren (vorbereitet gewogen)

wie oben vorbereiten
die weitere Verarbeitung mit

2 Beuteln Gelfix
2000 g (2 kg) Zucker

erfolgt nach den auf S. 44/45 angegebenen Regeln zur Herstellung von Konfitüre
Einfüllen der Konfitüre und Verschließen der Gläser s. S. 45
Aufbewahren der Gläser s. Regeln S. 44.

Veränderung: Unter die Konfitüre zum Schluß 4 Eßl. Rum rühren oder abgeriebene Zitronenschale (unbehandelt) mitkochen und zum Schluß 4 Eßl. Orangenlikör unterrühren.

Aprikosen-Konfitüre

1000 g (1 kg) reife Aprikosen (vorbereitet gewogen)

vorbereiten: Aprikosen waschen, gut abtropfen lassen, entsteinen, in kleine Stücke schneiden, wiegen (1000 g)
die weitere Verarbeitung mit

1 Beutel Gelfix
1125 g (1⅛ kg) Zucker erfolgt nach den auf S. 44/45 angegebenen Regeln zur Herstellung von Konfitüre zum Schluß

Saft einer Zitrone (2 Eßl.) dazugeben, gut verrühren

Doppelkochung:
2000 g (2 kg) reife Aprikosen (vorbereitet gewogen)

Aprikosen wie oben vorbereiten
die weitere Verarbeitung mit

2 Beuteln Gelfix
2250 g (2¼ kg) Zucker erfolgt nach den auf S. 44/45 angegebenen Regeln zur Herstellung von Konfitüre zum Schluß

Saft von 2 Zitronen (4 Eßl.) dazugeben, gut verrühren
Einfüllen der Konfitüre und Verschließen der Gläser s. S. 45
Aufbewahren der Gläser s. Regeln S. 44.

Veränderung: Unter die Konfitüre zum Schluß 4 Eßl. Apricot-Brandy rühren, für eine Doppelkochung 8 Eßl. nehmen.

Rhabarber-Pfirsich-Aprikosen-Konfitüre

500 g (½ kg) Rhabarber (vorbereitet gewogen)

vorbereiten: Rhabarber waschen, abtrocknen (nicht abziehen), in kleine Stücke schneiden, wiegen (500 g)

250 g (¼ kg) Pfirsiche (vorbereitet gewogen)

vorbereiten: Pfirsiche waschen, gut abtropfen lassen, entsteinen, in kleine Stücke schneiden, wiegen (250 g)

250 g (¼ kg) Aprikosen (vorbereitet gewogen)

vorbereiten: Aprikosen waschen, gut abtropfen lassen, entsteinen, in kleine Stücke schneiden, wiegen (250 g)
die weitere Verarbeitung mit

1 Beutel Gelfix Zwei + Eins
500 g (½ kg) Zucker

erfolgt nach den auf S. 46 angegebenen Regeln zur Herstellung von Konfitüre mit Gelfix Zwei + Eins
Einfüllen der Konfitüre und verschließen der Gläser s. S. 46
Aufbewahren der Gläser s. Regeln S. 44.

Rhabarber-Ingwer-Konfitüre

(Abb. nebenstehend)

1000 g (1 kg) Rhabarber (vorbereitet gewogen)

vorbereiten: Rhabarber waschen, abtrocknen (nicht abziehen), in ganz kleine Stücke schneiden, wiegen (1000 g)
die weitere Verarbeitung mit

1 Beutel Gelfix
1 Teel. feingewürfelter Ingwerwurzel
1125 g (1⅛ kg) Zucker

erfolgt nach den auf S. 44/45 angegebenen Regeln zur Herstellung von Konfitüre
Einfüllen der Konfitüre und Verschließen der Gläser s. S. 45
Aufbewahren der Gläser s. Regeln S. 44.

Feigen-Apfelsinen-Konfitüre

750 g (¾ kg) Feigen (vorbereitet gewogen)	vorbereiten: Feigen enthäuten, wiegen (750 g), die Früchte zerdrücken, am besten mit einem Stampfer
250 g (¼ kg) Apfelsinenfruchtfleisch (vorbereitet gewogen)	vorbereiten: Apfelsinen schälen, in Stücke schneiden, wiegen (250 g) die weitere Verarbeitung mit
1 Beutel Gelfix 1000 g (1 kg) Zucker	erfolgt nach den auf S. 44/45 angegebenen Regeln zur Herstellung von Konfitüre zum Schluß
1 Eßl. Zitronensaft 2 – 3 Eßl. Orangenlikör	unterrühren Einfüllen der Konfitüre und Verschließen der Gläser s. S. 45 Aufbewahren der Gläser s. Regeln S. 44.

Pampelmusen-Marmelade

900 g Pampelmusenfruchtfleisch (von 4 – 6 Pampelmusen, unbehandelt)
Pampelmusen waschen, abtrocknen

25 g Pampelmusenschale
abreiben
die Früchte schälen, in Spalten teilen, enthäuten, kleinschneiden, mit der abgeriebenen Schale mischen, wiegen (900 g)
die weitere Verarbeitung mit

1 Beutel Gelfix
1000 g (1 kg) Zucker
erfolgt nach den auf S. 44/45 angegebenen Regeln zur Herstellung von Marmelade
Einfüllen der Marmelade und Verschließen der Gläser s. S. 45
Aufbewahren der Gläser s. Regeln S. 44.

Mango-Konfitüre

1000 g (1 kg) reife Mangos (vorbereitet gewogen)
vorbereiten: Mangos schälen, das Fruchtfleisch vom Stein lösen, in kleine Stücke schneiden, wiegen (1000 g)

5 Eßl. Cidre, lieblich
hinzufügen
die weitere Verarbeitung mit

1 Beutel Gelfix Zwei + Eins
500 g (½ kg) Zucker
erfolgt nach den auf S. 46 angegebenen Regeln zur Herstellung von Konfitüre mit Gelfix Zwei + Eins
zum Schluß

3 Eßl. Zitronensaft
unterrühren
Einfüllen der Konfitüre und Verschließen der Gläser S. 46
Aufbewahren der Gläser s. Regeln S. 44.

Nektarinen-Konfitüre

900 g Nektarinen (vorbereitet gewogen)
vorbereiten: Nektarinen waschen, gut abtropfen lassen, entsteinen, in kleine Stücke schneiden, wiegen (900 g)
die weitere Verarbeitung mit

1 Beutel Gelfix
1000 g (1 kg) Zucker
erfolgt nach den auf S. 44/45 angegebenen Regeln zur Herstellung von Konfitüre
Einfüllen der Konfitüre und Verschließen der Gläser s. S. 45
Aufbewahren der Gläser s. Regeln S. 44.

Stachelbeer-Bananen-Konfitüre

700 g Stachelbeeren (vorbereitet gewogen)

vorbereiten: Stachelbeeren von Stiel und Blüte befreien, sorgfältig waschen, gut abtropfen lassen, vierteln, wiegen (700 g)

300 g Bananen (vorbereitet gewogen)

vorbereiten: Bananen schälen, längs halbieren, in Scheiben schneiden, wiegen (300 g)
die weitere Verarbeitung mit

1 Beutel Gelfix Zwei + Eins
500 g (½ kg) Zucker

erfolgt nach den auf S. 46 angegebenen Regeln zur Herstellung von Konfitüre mit Gelfix Zwei + Eins
zum Schluß

4 Eßl. Bananenlikör

unterrühren
Einfüllen der Konfitüre und Verschließen der Gläser s. S. 46
Aufbewahren der Gläser s. Regeln S. 44.

Brombeer-Konfitüre

1250 g (1¼ kg) Brombeeren (vorbereitet gewogen)

vorbereiten: Brombeeren verlesen, entstielen, vorsichtig waschen, gut abtropfen lassen, wiegen (1250 g)
die Früchte zerdrücken, am besten mit einem Stampfer
die weitere Verarbeitung mit

1 Beutel Gelfix
1375 g (1⅜ kg) Zucker

erfolgt nach den auf S. 44/45 angegebenen Regeln zur Herstellung von Konfitüre

Doppelkochung:
2250 g (2¼ kg) Brombeeren (vorbereitet gewogen)

Brombeeren wie oben vorbereiten
die weitere Verarbeitung mit

2 Beuteln Gelfix
2500 g (2½ kg) Zucker

erfolgt nach den auf S. 44/45 angegebenen Regeln zur Herstellung von Konfitüre
Einfüllen der Konfitüre und Verschließen der Gläser s. S. 45
Aufbewahren der Gläser s. Regeln S. 44.

Himbeer-Johannisbeer-Konfitüre

500 g (½ kg) Himbeeren (vorbereitet gewogen)

vorbereiten: Himbeeren sorgfältig verlesen, evtl. entstielen, wiegen (500 g)

500 g (½ kg) rote Johannisbeeren (vorbereitet gewogen)

vorbereiten: Johannisbeertrauben waschen, gut abtropfen lassen, sorgfältig verlesen, entstielen, wiegen (500 g)
die Früchte zerdrücken, am besten mit einem Stampfer
die weitere Verarbeitung mit

1 Beutel Gelfix
1125 g (1⅛ kg) Zucker

erfolgt nach den auf S. 44/45 angegebenen Regeln zur Herstellung von Konfitüre

Doppelkochung:
875 g (⅞ kg) Himbeeren (vorbereitet gewogen)
875 g (⅞ kg) rote Johannisbeeren (vorbereitet gewogen)

die Früchte wie oben vorbereiten
die weitere Verarbeitung mit

2 Beuteln Gelfix
1750 g (1¾ kg) Zucker

erfolgt nach den auf S. 44/45 angegebenen Regeln zur Herstellung von Konfitüre
Einfüllen der Konfitüre und Verschließen der Gläser s. S. 45
Aufbewahren der Gläser s. Regeln S. 44.

Papaya-Himbeer-Konfitüre

(Abb. nebenstehend)

900 g reife Papayas (vorbereitet gewogen)

vorbereiten: Papayas schälen, halbieren, entkernen, in kleine Stücke schneiden, wiegen (900 g)

100 g Himbeeren (vorbereitet gewogen)

vorbereiten: Himbeeren sorgfältig verlesen, evtl. entstielen, wiegen (100 g)
die weitere Verarbeitung mit

1 Beutel Gelfix Zwei + Eins
500 g (½ kg) Zucker

erfolgt nach den auf S. 46 angegebenen Regeln zur Herstellung von Konfitüre mit Gelfix Zwei + Eins
Einfüllen der Konfitüre und Verschließen der Gläser s. S. 46
Aufbewahren der Gläser s. Regeln S. 44.

Zitronen-Marmelade

Etwa 15 mittelgroße Zitronen (davon 6 unbehandelt)	waschen, abtrocknen, die unbehandelten (6) Früchte **dünn** schälen (die geschälten Zitronen zudecken, kalt stellen) die Schalen mit
Salzwasser (auf je 125 ml – ⅛ l – Wasser 1 Messerspitze Salz)	bedecken, 12 Stunden an einem kühlen Ort stehenlassen das Salzwasser abgießen, die Schalen mit frischem Wasser **bedeckt** im geschlossenen Topf zum Kochen bringen, 15 Minuten kochen lassen die Zitronenschalen mit einem Schaumlöffel aus dem Kochwasser nehmen, in feine Streifen schneiden die übrigen Zitronen ebenfalls **dünn** schälen, von allen Früchten die weiße Haut sorgfältig entfernen das Fruchtfleisch in kleine Stücke schneiden, mit den Schalen wiegen (600 g), mit dem Kochwasser auf 900 g ergänzen die weitere Verarbeitung mit
1 Beutel Gelfix 1000 g (1 kg) Zucker	erfolgt nach den auf S. 44/45 angegebenen Regeln zur Herstellung von Marmelade Einfüllen der Marmelade und Verschließen der Gläser s. S. 45 Aufbewahren der Gläser s. Regeln S. 44.
Veränderung:	Für eine weniger herbe Marmelade die Zitronenscheiben kochen wie nebenstehend beschrieben, aber nicht mitverwenden, also nur die Fruchtstückchen mit dem Kochwasser auf 900 g ergänzen.

Pflaumen-Konfitüre mit Wodka

750 g (¾ kg) gelbe Pflaumen (vorbereitet gewogen)	vorbereiten: Pflaumen waschen, gut abtropfen lassen, entsteinen, in kleine Stücke schneiden, wiegen (750 g) die weitere Verarbeitung mit
1 Beutel Gelfix 750 g (¾ kg) Zucker	erfolgt nach den auf S. 44/45 angegebenen Regeln zur Herstellung von Konfitüre zum Schluß
4 Eßl. Wodka	unterrühren Einfüllen der Konfitüre und Verschließen der Gläser s. S. 45 Aufbewahren der Gläser s. Regeln S. 44.

Apfelsinen-Marmelade

900 g Apfelsinenfruchtfleisch (8 – 10 Apfelsinen, davon 3 unbehandelt)

die Apfelsinen waschen, abtrocknen, von den unbehandelten Apfelsinen

25 g Apfelsinenschale

abreiben, die übrigen Früchte schälen, enthäuten, die Apfelsinenspalten in Stücke schneiden
das Fruchtfleisch wiegen (900 g), mit der Apfelsinenschale mischen
die weitere Verarbeitung mit

1 Beutel Gelfix
1000 g (1 kg) Zucker

erfolgt nach den auf S. 44/45 angegebenen Regeln zur Herstellung von Marmelade
Einfüllen der Marmelade und Verschließen der Gläser s. S. 45
Aufbewahren der Gläser s. Regeln S. 44.

Veränderung: Unter die Marmelade zum Schluß 3 Teel. Orangenlikör rühren.

Mirabellen-Konfitüre

1125 g (1⅛ kg) Mirabellen (vorbereitet gewogen)

vorbereiten: Mirabellen waschen, gut abtropfen lassen, entsteinen, in kleine Stücke schneiden oder durch den Fleischwolf drehen, wiegen (1125 g)
die weitere Verarbeitung mit

1 Beutel Gelfix
1125 g (1⅛ kg) Zucker

erfolgt nach den auf S. 44/45 angegebenen Regeln zur Herstellung von Konfitüre

Doppelkochung:
1875 g (1⅞ kg) Mirabellen (vorbereitet gewogen)

Mirabellen wie oben vorbereiten
die weitere Verarbeitung mit

2 Beuteln Gelfix
1875 g (1⅞ kg) Zucker

erfolgt nach den auf S. 44/45 angegebenen Regeln zur Herstellung von Konfitüre
Einfüllen der Konfitüre und Verschließen der Gläser s. S. 45
Aufbewahren der Gläser s. Regeln S. 44.

Veränderung: Unter die Konfitüre zum Schluß 4 Eßl. Arrak rühren, für eine Doppelkochung 8 Eßl. nehmen.

Aprikosen-Bananen-Konfitüre

750 g (¾ kg) Aprikosen (vorbereitet gewogen) vorbereiten: Aprikosen waschen, gut abtropfen lassen, entsteinen, in kleine Stücke schneiden, wiegen (750 g)

250 g (¼ kg) Bananen (vorbereitet gewogen) vorbereiten: Bananen schälen, längs halbieren, in Scheiben schneiden, wiegen (250 g), zu den Aprikosen geben

Schale von ½ Zitrone (unbehandelt)
2 Gewürznelken
1 Messerspitze gemahlenen Kardamom
1 Messerspitze gemahlene Muskatblüte unterrühren

die weitere Verarbeitung mit

1 Beutel Gelfix
1125 g (1⅛ kg) Zucker erfolgt nach den auf S. 44/45 angegebenen Regeln zur Herstellung von Konfitüre

zum Schluß die Zitronenschale herausnehmen

Einfüllen der Konfitüre und Verschließen der Gläser S. 45

Aufbewahren der Gläser s. Regeln S. 44.

Preiselbeer-Konfitüre

(Abb. nebenstehend)

1250 g (1¼ kg) Preiselbeeren (vorbereitet gewogen) vorbereiten: Preiselbeeren verlesen, waschen, gut abtropfen lassen, mit

250 ml (¼ l) Wasser in einen Kochtopf (Durchmesser 24 cm) geben, im geschlossenen Topf zum Kochen bringen, 15 Minuten ziehen lassen

den Fruchtbrei abkühlen lassen, lauwarm verwenden

die weitere Verarbeitung mit

1 Beutel Gelfix
1250 g (1¼ kg) Zucker erfolgt nach den auf S. 44/45 angegebenen Regeln zur Herstellung von Konfitüre

Einfüllen der Konfitüre und Verschließen der Gläser s. S. 45

Aufbewahren der Gläser s. Regeln S. 44.

Quitten-Konfitüre

1000 g (1 kg) reife Quitten (vorbereitet gewogen)

vorbereiten: Quitten trocken abreiben, um den Flaum zu entfernen, die Quitten waschen, schälen, entkernen, grießige Stellen entfernen, die Quitten in kleine Stücke schneiden, mit

250 ml (¼ l) Wasser im geschlossenen Topf zum Kochen bringen, 20 Minuten kochen lassen
den Fruchtbrei abkühlen lassen, lauwarm verwenden
die weitere Verarbeitung mit

1 Beutel Gelfix
1250 g (1¼ kg) Zucker erfolgt nach den auf S. 44/45 angegebenen Regeln zur Herstellung von Konfitüre
Einfüllen der Konfitüre und Verschließen der Gläser s. S. 45
Aufbewahren der Gläser s. Regeln S. 44.

Birnen-Konfitüre

1000 g (1 kg) Birnen (vorbereitet gewogen)

vorbereiten: Birnen waschen, schälen, achteln, entkernen, in kleine Stücke schneiden, wiegen (1000 g)
die weitere Verarbeitung mit

1 Beutel Gelfix
5 Gewürznelken
1 Stück Stangenzimt
1000 g (1 kg) Zucker erfolgt nach den auf S. 44/45 angegebenen Regeln zur Herstellung von Konfitüre
Einfüllen der Konfitüre und Verschließen der Gläser S. 45
Aufbewahren der Gläser s. Regeln S. 44.

Pfirsich-Konfitüre mit Zitronenmelisse

850 g Pfirsiche (vorbereitet gewogen)

vorbereiten: Pfirsiche waschen, gut abtropfen lassen, entsteinen, in kleine Stücke schneiden, wiegen (850 g)

½ Teel. gehackte Zitronenmelisse unterrühren
die weitere Verarbeitung mit

1 Beutel Gelfix
1000 g (1 kg) Zucker erfolgt nach den auf S. 44/45 angegebenen Regeln zur Herstellung von Konfitüre

2 – 3 Eßl. weißen Rum unterrühren
Einfüllen der Konfitüre und Verschließen der Gläser S. 45
Aufbewahren der Gläser s. Regeln S. 44.

Schlehen-Apfel-Konfitüre

1000 g (1 kg) Schlehen (vorbereitet gewogen)
vorbereiten: Schlehen entstielen, waschen, gut abtropfen lassen, wiegen (1000 g)
die Schlehen in eine Schüssel geben, mit

500 ml (½ l) kochendem Wasser übergießen, erkalten lassen
dann die Flüssigkeit abgießen, kurz aufkochen lassen, wieder über die Früchte geben
diesen Vorgang noch einmal wiederholen
die erkaltete Fruchtmasse durch ein Sieb streichen, so daß der Rückstand vollkommen trocken ist, wiegen (800 g)

200 g Apfelstücke (vorbereitet gewogen)
vorbereiten: Äpfel schälen, vierteln, entkernen, in sehr kleine Stücke schneiden
die weitere Verarbeitung mit

800 g Schlehenbrei
1 Beutel Gelfix
1000 g (1 kg) Zucker erfolgt nach den auf S. 44/45 angegebenen Regeln zur Herstellung von Konfitüre
Einfüllen der Konfitüre und Verschließen der Gläser S. 45
Aufbewahren der Gläser s. Regeln S. 44.

Tip: Schlehen nach dem 1. Frost ernten oder vor der Verarbeitung in ein Gefriergerät legen (Geschmack wird gemildert).

Rhabarber-Nektarinen-Konfitüre

500 g (½ kg) Rhabarber (vorbereitet gewogen)
vorbereiten: Rhabarber waschen, abtrocknen (nicht abziehen), in ganz kleine Stücke schneiden, wiegen (500 g)

500 g (½ kg) Nektarinen (vorbereitet gewogen)
vorbereiten: Nektarinen waschen, gut abtropfen lassen, entsteinen, in kleine Stücke schneiden, wiegen (500 g)
die weitere Verarbeitung mit

1 Beutel Gelfix
1000 g (1 kg) Zucker erfolgt nach den auf S. 44/45 angegebenen Regeln zur Herstellung von Konfitüre
Einfüllen der Konfitüre und Verschließen der Gläser S. 45
Aufbewahren der Gläser s. Regeln S. 44.

Apfel-Konfitüre

1000 g (1 kg) Äpfel (z. B. Gravensteiner, vorbereitet gewogen)

vorbereiten: Äpfel waschen, schälen, achteln, entkernen, in kleine Stücke schneiden, wiegen (1000 g)
die weitere Verarbeitung mit

1 Beutel Gelfix
1000 g (1 kg) Zucker
3 Päckchen Vanillin-Zucker

erfolgt nach den auf S. 44/45 angegebenen Regeln zur Herstellung von Konfitüre
Einfüllen der Konfitüre und Verschließen der Gläser s. S. 45
Aufbewahren der Gläser s. Regeln S. 44.

Pflaumen- oder Zwetschenmus

im Backofen
(Abb. nebenstehend)

4 – 5 kg Pflaumen oder Zwetschen (vorbereitet gewogen)

vorbereiten: Pflaumen (Zwetschen) waschen, gut abtropfen lassen, entsteinen, vierteln, wiegen (4 – 5 kg)
die Früchte mit

400 – 500 g (etwa ½ kg) Zucker

bergartig in eine Fettfangschale schichten, auf die mittlere Schiene in den vorgeheizten Backofen schieben

Strom: 175 – 200
Gas: Etwa 4
Garzeit: 3 – 4 Stunden

nach 15 Minuten Garzeit die Backofentür für die restliche Zeit einen Spalt öffnen
die Fruchtmasse ab und zu durchrühren, wieder bergartig anhäufen
nach 3 – 4 Stunden das Mus in einen Kochtopf geben, unter Rühren zum Kochen bringen, evtl. noch etwas einkochen lassen (Mus muß dickbreiig sein)
das Mus von der Kochstelle nehmen

etwa 1 Messerspitze gemahlene Gewürznelken
etwa ½ gestr. Teel. gemahlenen Zimt
knapp ½ gestr. Teel. Einmach-Hilfe

unterrühren
Einfüllen des Muses und Verschließen der Gläser s. S. 45
Aufbewahren der Gläser s. Regeln S. 44.

Renekloden-Konfitüre

1125 g (1⅛ kg) Renekloden (vorbereitet gewogen)

vorbereiten: Renekloden waschen, gut abtropfen lassen, entsteinen, in kleine Stücke schneiden, wiegen (1125 g)
die weitere Verarbeitung mit

1 Beutel Gelfix
1250 g (1¼ kg) Zucker

erfolgt nach den auf S. 44/45 angegebenen Regeln zur Herstellung von Konfitüre

Doppelkochung:
2000 g (2 kg) Renekloden (vorbereitet gewogen)

Renekloden wie oben vorbereiten
die weitere Verarbeitung mit

2 Beuteln Gelfix
2250 g (2¼ kg) Zucker

erfolgt nach den auf S. 44/45 angegebenen Regeln zur Herstellung von Konfitüre
Einfüllen der Konfitüre und Verschließen der Gläser
s. S. 45
Aufbewahren der Gläser s. Regeln S. 44.

Himbeer-Konfitüre

1250 g (1¼ kg) Himbeeren (vorbereitet gewogen)

vorbereiten: Himbeeren sorgfältig verlesen, evtl. entstielen, wiegen (1250 g)
die Früchte zerdrücken, am besten mit einem Stampfer
die weitere Verarbeitung mit

1 Beutel Gelfix
1250 g (1¼ kg) Zucker

erfolgt nach den auf S. 44/45 angegebenen Regeln zur Herstellung von Konfitüre

Doppelkochung:
2375 g (2⅜ kg) Himbeeren (vorbereitet gewogen)

Himbeeren wie oben vorbereiten
die weitere Verarbeitung mit

2 Beuteln Gelfix
2250 g (2¼ kg) Zucker

erfolgt nach den auf S. 44/45 angegebenen Regeln zur Herstellung von Konfitüre
Einfüllen der Konfitüre und Verschließen der Gläser
s. S. 45
Aufbewahren der Gläser s. Regeln S. 44.

Veränderung: Unter die Konfitüre zum Schluß 4 Eßl. Himbeergeist rühren, für eine Doppelkochung 8 Eßl. nehmen.

Pfirsich-Konfitüre

850 g Pfirsiche (vorbereitet gewogen)

vorbereiten: Pfirsiche waschen, gut abtropfen lassen, entsteinen, in kleine Stücke schneiden, wiegen (850 g)
die weitere Verarbeitung mit

1 Beutel Gelfix
1000 g (1 kg) Zucker

erfolgt nach den auf S. 44/45 angegebenen Regeln zur Herstellung von Konfitüre

Doppelkochung:
1500 g (1½ kg) Pfirsiche (vorbereitet gewogen)

Pfirsiche wie oben vorbereiten
die weitere Verarbeitung mit

2 Beuteln Gelfix
2000 g (2 kg) Zucker

erfolgt nach den auf S. 44/45 angegebenen Regeln zur Herstellung von Konfitüre
Einfüllen der Konfitüre und Verschließen der Gläser
s. S. 45
Aufbewahren der Gläser s. Regeln S. 44.

Veränderung: 125 ml (⅛ l) Port- oder Weißwein mitkochen.

Sauerkirsch-Konfitüre

900 g Sauerkirschen (vorbereitet gewogen)
vorbereiten: Sauerkirschen waschen, gut abtropfen lassen, entstielen, entsteinen, wiegen (900 g)
die weitere Verarbeitung mit

1 Beutel Gelfix
1000 g (1 kg) Zucker
erfolgt nach den auf S. 44/45 angegebenen Regeln zur Herstellung von Konfitüre
Einfüllen der Konfitüre und Verschließen der Gläser s. S. 45
Aufbewahren der Gläser s. Regeln S. 44.

Himbeer-Kiwi-Konfitüre

500 g (½ kg) Himbeeren (vorbereitet gewogen)
vorbereiten: Himbeeren sorgfältig verlesen, evtl. entstielen, durch ein Sieb streichen, wiegen (500 g)

500 g (½ kg) Kiwis (vorbereitet gewogen)
vorbereiten: Kiwis dünn schälen, vierteln, in Scheiben schneiden, wiegen (500 g)
die weitere Verarbeitung mit

1 Beutel Gelfix Zwei + Eins
500 g (½ kg) Zucker
erfolgt nach den auf S. 46 angegebenen Regeln zur Herstellung von Konfitüre mit Gelfix Zwei + Eins
Einfüllen der Konfitüre und Verschließen der Gläser s. S. 46
Aufbewahren der Gläser s. Regeln S. 44.

Pfirsich-Melonen-Konfitüre

(Abb. nebenstehend)

450 g Pfirsiche (vorbereitet gewogen)
vorbereiten: Pfirsiche waschen, gut abtropfen lassen, entsteinen, in kleine Stücke schneiden, wiegen (450 g)

450 g Honigmelone (vorbereitet gewogen)
vorbereiten: Honigmelone halbieren, entkernen, schälen, in kleine Stücke schneiden, wiegen (450 g), zu den Pfirsichen geben

abgeriebene Schale von 1 Zitrone (unbehandelt)
unterrühren

	die weitere Verarbeitung mit
1 Beutel Gelfix	
1000 g (1 kg) Zucker	erfolgt nach den auf S. 44/45 angegebenen Regeln zur Herstellung von Konfitüre zum Schluß
2 Eßl. Zitronensaft	
2 – 3 Eßl. weißen Rum	unterrühren
	Einfüllen der Konfitüre und Verschließen der Gläser s. S. 45
	Aufbewahren der Gläser s. Regeln S. 44.
Veränderung:	20 g frischen feingewürfelten Ingwer, ½ gestrichenen Teel. gemahlenen Zimt mitkochen.

Erdbeer-Kiwi-Konfitüre mit grünem Pfeffer

750 g (¾ kg) Erdbeeren (vorbereitet gewogen)
vorbereiten: Erdbeeren waschen, gut abtropfen lassen, sorgfältig verlesen, entstielen, wiegen (750 g)

250 g (¼ kg) Kiwis (vorbereitet gewogen)
vorbereiten: Kiwis dünn schälen, halbieren, in Scheiben schneiden, wiegen (250 g)
die Früchte mit

10 g (1 geh. Teel.) eingelegtem grünem Pfeffer
in einen Kochtopf geben, vorsichtig zerdrücken, am besten mit einem Stampfer

Schale von ½ Zitrone (unbehandelt)
unterrühren
die weitere Verarbeitung mit

1 Beutel Gelfix
1125 g (1⅛ kg) Zucker
erfolgt nach den auf S. 44/45 angegebenen Regeln zur Herstellung von Konfitüre
zum Schluß die Zitronenschale herausnehmen

Einfüllen der Konfitüre und Verschließen der Gläser s. S. 45
Aufbewahren der Gläser s. Regeln S. 44.

Heidelbeer-Konfitüre

(Bickbeeren, Blaubeeren)

1000 g (1 kg) Heidelbeeren (vorbereitet gewogen)
vorbereiten: Heidelbeeren verlesen, waschen, gut abtropfen lassen, wiegen (1000 g)
die Früchte zerdrücken, am besten mit einem Stampfer
die weitere Verarbeitung mit

1 Beutel Gelfix
875 g (⅞ kg) Zucker
erfolgt nach den auf S. 44/45 angegebenen Regeln zur Herstellung von Konfitüre
Einfüllen der Konfitüre und Verschließen der Gläser s. S. 45
Aufbewahren der Gläser s. Regeln S. 44.

Veränderung: Unter die Konfitüre zum Schluß 5 Eßl. Gin rühren.

Gelees

Zubereitung von Gelee mit Gelfix und Gelfix Zwei + Eins

zuckersparendes Geliermittel

Wichtige allgemeine Regeln

1. Nur Obst von bester Beschaffenheit ist zum Haltbarmachen geeignet.
2. So frisch wie möglich muß das Einmachgut verarbeitet werden. Im eigenen Garten Obst in den frühen Morgenstunden ernten, bevor die Hitze des Tages sich auswirkt, und nur so viel vorbereiten, wie am gleichen Tag verwertet werden kann. Nur in Ausnahmefällen Obst bis zum anderen Tag aufbewahren, dann an einem kühlen Ort trocken, aber ausgebreitet lagern.
3. Zum Kochen der Früchte eignen sich sowohl Emaille- als auch Edelstahltöpfe. Beschädigte Töpfe sollen in der Einmachküche nicht benutzt werden.
4. Alle Einmachgefäße und -geräte dürfen nur ausschließlich für ihren besonderen Zweck verwendet und vor allem nicht mit Fett in Berührung gebracht werden. Sie gründlich vor jedem Gebrauch in heißem Wasser unter Zusatz eines handelsüblichen Spülmittels reinigen, sie in klarem Wasser nachspülen und, auf ein Tuch gestülpt, ablaufen lassen.
5. Auf größte Sauberkeit muß beim Einmachen unbedingt geachtet werden. Schon das kleinste Krümchen Brot, das in ein Einmachgefäß fällt, kann den Inhalt zum Gären, d. h. zum Verderben bringen.
6. **Die vorgeschriebenen Mengen genau einhalten, nicht schätzen, sondern wiegen oder messen.**
   Bitte nicht größere Saftmengen, als im Rezept angegeben, auf einmal kochen.
7. Die Kochtöpfe müssen so groß sein, daß sie höchstens ¼ mit Fruchtsaft gefüllt sind. Bei Saftmengen unter 1½ l eignen sich am besten Töpfe mit einem Durchmesser von 24 cm. Beträgt die Saftmenge 1½ l und mehr, Töpfe mit einem Durchmesser von 28 cm verwenden.
8. Besonders vorteilhaft für Gelee sind Gläser in der Größe von ⅜ Liter.
9. Es ist zweckmäßig, auf jedes Gefäß ein Schildchen mit der Bezeichnung des Eingemachten und dem Datum der Herstellung zu kleben, damit das ältere Eingemachte stets zuerst verwendet wird.
10. Alles Eingemachte muß an einem trockenen, kühlen, der Zugluft zugänglichen Ort aufbewahrt und von Zeit zu Zeit durchgesehen werden (direkte Sonnenbestrahlung vermeiden).
11. Sollte Gelee durch ungünstige Aufbewahrung (zu warm) zu fest geworden sein, kann man es bei Zugabe von etwas heißem Wasser wieder geschmeidig rühren.

Gelee mit Gelfix

Regeln

1. Den abgemessenen Fruchtsaft (gegebenenfalls mit Wasser ergänzen) in einen Kochtopf geben. Von der abgewogenen Menge Zucker 2 Eßl. voll abnehmen, mit dem Inhalt des Beutels Gelfix mischen und mit dem Fruchtsaft verrühren.
2. Die Flüssigkeit unter ständigem Rühren bei starker Hitze (Gas: große Flamme, Strom: Stufe 3) zum Kochen bringen. Dabei darauf achten, daß etwa noch vorhandene Klümpchen Gelfix durch Zerdrücken vollständig gelöst werden.
3. Sobald alles bei starker Hitze (Gas: große Flamme, Strom: Stufe 3) bei ständigem Rühren durch und durch sprudelnd kocht, den restlichen Zucker (auf keinen Fall weniger nehmen) einrühren und das Ganze wieder zum Kochen bringen.

4. Wenn das Gelee bei starker Hitze (Gas: große Flamme, Strom: Stufe 3) durch und durch stark kocht, es
   ½ Minute (nach der Uhr!)
   unter ständigem Rühren auf halbgroßer Flamme bzw. auf Stufe 0 oder Stufe 1 sprudelnd kochen lassen.
   Für Doppelkochungen die im Rezept vorgeschriebenen Mengen beachten, wie in Punkt 1 – 4 beschrieben verarbeiten,
   aber 1 Minute (nach der Uhr!)
   unter ständigem Rühren sprudelnd kochen lassen. Den Topf von der Kochstelle nehmen, Gelee evtl. abschäumen.
5. Zum Einfüllen die Gläser auf ein feuchtes Tuch stellen.

Verwendung von Gläsern mit Twist-off-Deckeln

Gelee sofort **kochendheiß** randvoll in die vorbereiteten Gläser füllen, **sofort** verschließen, umdrehen, etwa 5 Minuten auf dem Deckel stehenlassen.

Verwendung von Zubindegläsern

Methode A
Gelee sofort **kochendheiß** randvoll in die vorbereiteten Gläser füllen, **sofort** mit Sichtfolie verschließen.
Dazu Sichtfolie in passende Stücke schneiden, straff über die Öffnung ziehen, mit einem Gummibändchen befestigen.

Methode B
Gelee in die vorbereiteten Gläser füllen, erkalten lassen und dann verschließen.
Dafür zum Bedecken aus Pergamentpapier runde Blättchen in der Größe der Oberfläche des Eingemachten schneiden (auf keinen Fall kleiner, denn die Oberfläche muß vollkommen bedeckt sein).
Die Blättchen durch Kornbranntwein, Rum oder Essig ziehen, auf das Eingemachte legen und gut andrücken, um die Oberfläche vor Schimmel zu bewahren.
Die feuchten Blättchen gleichmäßig mit etwas Einmach-Hilfe bestreuen.
Zum Zubinden Sichtfolie in passende Stücke schneiden, straff über die Öffnung ziehen, mit einem Gummibändchen befestigen.

Gelee mit Gelfix Zwei + Eins

zuckersparendes Geliermittel

Regeln

1. Aus gesäuberten Früchten Saft gewinnen, abmessen (750 ml = ¾ l) und in einen Kochtopf geben.
2. Von der abgewogenen Menge Zucker (400 g) 2 Eßl. voll abnehmen, mit dem Inhalt des Beutels Gelfix Zwei + Eins mischen und mit dem Fruchtsaft verrühren.
3. Das Kochgut unter ständigem Rühren bei mittlerer Hitze (Strom: Stufe 2–2½, Automatikplatte 8–9; Gas: mittelgroße Flamme) zum Kochen bringen. Wenn es kocht, den restlichen Zucker hinzufügen und das Ganze unter Rühren wieder zum Kochen bringen.
4. Das Gelee **1 Minute (nach der Uhr!)** unter ständigem Rühren kochen lassen, von der Kochstelle nehmen und das Gelee **sofort** in vorbereitete Gläser füllen.
5. Zum Einfüllen die Gläser auf ein feuchtes Tuch stellen.

Verwendung von Gläsern mit Twist-off-Deckeln

Gelee sofort **kochendheiß** randvoll in die vorbereiteten Gläser füllen, **sofort** verschließen, umdrehen, etwa 5 Minuten auf dem Deckel stehenlassen.

Verwendung von Zubindegläsern

Gelee sofort **kochendheiß** randvoll in die vorbereiteten Gläser füllen, **sofort** mit Sichtfolie verschließen. Dazu Sichtfolie in passende Stücke schneiden, straff über die Öffnung ziehen, mit einem Gummibändchen befestigen.

Himbeer-Gelee

1250 g (1¼ kg) Himbeeren (vorbereitet gewogen)

vorbereiten: Himbeeren sorgfältig verlesen, evtl. entstielen wiegen (1250 g)
die Früchte in einen Kochtopf geben, zerdrücken, am besten mit einem Stampfer, mit

125 ml (⅛ l) Wasser

unter Rühren bis kurz vor dem Kochen erhitzen (nicht kochen)
damit der Saft ablaufen kann, den Fruchtbrei auf ein gespanntes Safttuch geben, nach dem Erkalten kräftig auspressen

oder
den Saft mit einem Dampfentsafter aus der oben angegebenen Fruchtmenge – aber ohne Wasserzugabe – gewinnen
die weitere Verarbeitung mit

800 ml Saft
1 Beutel Gelfix
1000 g (1 kg) Zucker

erfolgt nach den auf S. 74/75 angegebenen Regeln zur Herstellung von Gelee

Doppelkochung:
2000 g (2 kg) Himbeeren (vorbereitet gewogen)
250 ml (¼ l) Wasser

wie im Rezept angegeben verarbeiten
die weitere Verarbeitung mit

1375 ml (1⅜ l) Saft
2 Beuteln Gelfix
1500 g (1½ kg) Zucker

erfolgt nach den auf S. 74/75 angegebenen Regeln zur Herstellung von Gelee
Einfüllen des Gelees und Verschließen der Gläser s. S. 75
Aufbewahren der Gläser s. Regeln S. 74.

Pfirsich-Gelee

750 ml (¾ l) Pfirsichsaft
1 Beutel Gelfix Zwei + Eins
400 g Zucker

nach den auf S. 76 angegebenen Regeln zur Herstellung von Gelee mit Gelfix Zwei + Eins zubereiten
zum Schluß

2 Eßl. Apricot Brandy
1 Eßl. Zitronensaft

unterrühren
Einfüllen des Gelees und Verschließen der Gläser s. S. 76
Aufbewahren der Gläser s. Regeln S. 74.

Birnen-Gelee

1500 g (1½ kg) Birnen (vorbereitet gewogen)

vorbereiten: Birnen waschen, von Stiel, Blüte und schlechten Stellen befreien, in kleine Stücke schneiden, wiegen (1500 g) die Früchte in einen Kochtopf geben, mit

500 ml (½ l) Wasser im geschlossenen Topf zum Kochen bringen, weich kochen lassen damit der Saft ablaufen kann, die Früchte auf ein gespanntes Safttuch geben, nach dem Erkalten kräftig auspressen

oder

den Saft mit einem Dampfentsafter aus der oben angegebenen Fruchtmenge – aber ohne Wasserzugabe – gewinnen die weitere Verarbeitung mit

875 ml (⅞ l) Saft
1 Beutel Gelfix
1000 g (1 kg) Zucker erfolgt nach den auf S. 74/75 angegebenen Regeln zur Herstellung von Gelee

2 Eßl. feingehackte Zitronenmelisse
2 Eßl. weißen Rum zum Schluß unterrühren Einfüllen des Gelees und Verschließen der Gläser s. S. 75

Aufbewahren der Gläser s. Regeln S. 74.

Veränderung: Anstelle von weißem Rum Birnenlikör verwenden.

Ingwer-Gelee

150 g Ingwerwurzel (vorbereitet gewogen)

vorbereiten: Ingwerwurzel schälen, in Stücke schneiden, wiegen (150 g), in einen Kochtopf geben

2 – 3 große Apfelsinen (davon 1 unbehandelt) waschen, abtrocknen, die unbehandelte Apfelsine **dünn** schälen, die Schale zu dem Ingwer geben, mit

800 ml Wasser im zugedeckten Topf zum Kochen bringen, 30 Minuten kochen lassen (es darf kein Dampf entweichen), erkalten lassen, auf ein Sieb geben die Apfelsinen auspressen, 200 ml Saft abmessen, mit Kochwasser auf 800 ml auffüllen die weitere Verarbeitung mit

1 Beutel Gelfix
1000 g (1 kg)
Zucker erfolgt nach den auf S. 74/75 angegebenen Regeln zur Herstellung von Gelee
Einfüllen des Gelees und Verschließen der Gläser s. S. 75
Aufbewahren der Gläser s. Regeln S. 74.

Rhabarber-Gelee

(Abb. nebenstehend)

1250 g (1¼ kg) Rhabarber (vorbereitet gewogen)

vorbereiten: Rhabarber waschen, abtrocknen (nicht abziehen), in ganz kleine Stücke schneiden, wiegen (1250 g), mit

375 ml (⅜ l) Wasser bis kurz vor dem Kochen erhitzen, 5 Minuten im geschlossenen Topf ziehen lassen
damit der Saft ablaufen kann, den Fruchtbrei auf ein gespanntes Safttuch geben, nach dem Erkalten kräftig auspressen

oder
den Saft mit einem Dampfentsafter aus der oben angegebenen Fruchtmenge – aber ohne Wasserzugabe – gewinnen
die weitere Verarbeitung mit

800 ml Saft
1 Beutel Gelfix
1000 g (1 kg)
Zucker erfolgt nach den auf S. 74/75 angegebenen Regeln zur Herstellung von Gelee
Einfüllen des Gelees und Verschließen der Gläser S. 75
Aufbewahren der Gläser s. Regeln S. 74.

Johannisbeer-Süßkirsch-Gelee

1250 g (1¼ kg) Johannisbeertrauben (vorbereitet gewogen)

vorbereiten: Johannisbeertrauben waschen, gut abtropfen lassen, sorgfältig verlesen (nicht entstielen), wiegen (1250 g), in einen Kochtopf geben

750 g (¾ kg) Süßkirschen (vorbereitet gewogen)

vorbereiten: Süßkirschen waschen, gut abtropfen lassen, entstielen, entsteinen, wiegen (750 g), zu den Johannisbeeren geben
die Früchte zerdrücken, am besten mit einem Stampfer, mit

300 ml Wasser unter Rühren bis kurz vor dem Kochen erhitzen (nicht kochen) damit der Saft ablaufen kann, den Fruchtbrei auf ein gespanntes Safttuch geben, nach dem Erkalten kräftig auspressen

oder
den Saft mit einem Dampfentsafter aus den oben angegebenen Fruchtmengen – aber ohne Wasserzugabe – gewinnen
die weitere Verarbeitung mit

1250 ml (1 ¼ l) Saft
1 Beutel Gelfix
1250 g (1 ¼ kg) Zucker

erfolgt nach den auf S. 74/75 angegebenen Regeln zur Herstellung von Gelee
Einfüllen des Gelees und Verschließen der Gläser S. 75
Aufbewahren der Gläser s. Regeln S. 74.

Apfelsinen-Gelee

(Abb. S. 82/83)

4 Apfelsinen (unbehandelt) waschen, abtrocknen, **dünn** schälen, die Schalen in einen Kochtopf geben, mit

375 ml (⅜ l) Wasser im geschlossenen Topf zum Kochen bringen, 15 Minuten kochen lassen (es darf kein Dampf entweichen)
das Kochwasser etwas abkühlen lassen, die Apfelsinenschalen herausnehmen
die Apfelsinen auspressen, mit Kochwasser auf 750 ml (¾ l) auffüllen
die weitere Verarbeitung mit

1 Beutel Gelfix
875 g (⅞ kg) Zucker

erfolgt nach den auf S. 74/75 angegebenen Regeln zur Herstellung von Gelee
Einfüllen des Gelees und Verschließen der Gläser S. 75

Aufbewahren der Gläser s. Regeln S. 74.

Veränderung: Unbehandelte Apfelsinenschale (spiralförmig geschält) mitkochen.

Limonen-Gelee

(Abb. S. 82/83)

250 ml (¼ l) Limonensaft (von etwa 7 Limonen, davon 1 unbehandelt)

vorbereiten: die Limonen waschen, abtrocknen, die unbehandelte Limone **dünn** schälen
die Früchte halbieren, den Saft auspressen
die weitere Verarbeitung mit

250 ml (¼ l) Saft
Schale von 1 Limone
500 ml (½ l) Wasser
1 Beutel Gelfix
1000 g (1 kg) Zucker

erfolgt nach den auf S. 74/75 angegebenen Regeln zur Herstellung von Gelee
die Limonenschale herausnehmen, das Gelee evtl. abschäumen
Einfüllen des Gelees und Verschließen der Gläser s. S. 75
Aufbewahren der Gläser s. Regeln S. 74.

Veränderung: In Scheiben geschnittene Limonen (unbehandelt) und verlesene Rosinen mitkochen.

Zitronen-Gelee

(Abb. S. 82/83)

4 Zitronen (unbehandelt) waschen, abtrocknen, **dünn** schälen, die Schalen in einen Kochtopf geben, mit

700 ml Wasser im geschlossenen Topf zum Kochen bringen, 15 Minuten kochen lassen (es darf kein Dampf entweichen)
das Kochwasser etwas abkühlen lassen, die Zitronenschalen herausnehmen
die Zitronen auspressen, mit dem Kochwasser auf 750 ml (¾ l) auffüllen
die weitere Verarbeitung mit

1 Beutel Gelfix
875 g (⅞ kg) Zucker

erfolgt nach den auf S. 74/75 angegebenen Regeln zur Herstellung von Gelee
Einfüllen des Gelees und Verschließen der Gläser s. S. 75
Aufbewahren der Gläser s. Regeln S. 74.

Veränderung: Einige in Stücke geschnittene Zitronenspalten mitkochen.

Pampelmusen-Gelee

500 ml (½ l) Pampelmusensaft (von etwa 5 Pampelmusen, davon 1 unbehandelt)

vorbereiten: die Pampelmusen waschen, abtrocknen
½ Pampelmuse **dünn** schälen
die Früchte halbieren, den Saft auspressen
die weitere Verarbeitung mit

500 ml (½ l) Saft
Schale von ½ Pampelmuse
250 ml (¼ l) Wasser
1 Beutel Gelfix
1000 g (1 kg) Zucker

erfolgt nach den auf S. 74/75 angegebenen Regeln zur Herstellung von Gelee
die Pampelmusenschale herausnehmen, das Gelee evtl. abschäumen
Einfüllen des Gelees und Verschließen der Gläser s. S. 75
Aufbewahren der Gläser s. Regeln S. 74.

Stachelbeer-Himbeer-Gelee

1000 g (1 kg) Stachelbeeren (vorbereitet gewogen)

vorbereiten: Stachelbeeren von Stiel und Blüte befreien, gründlich waschen, gut abtropfen lassen, wiegen (1000 g)
die Früchte in einen Kochtopf geben, zerdrücken, am besten mit einem Stampfer, mit

250 ml ($\frac{1}{4}$ l) Wasser unter Rühren bis kurz vor dem Kochen erhitzen (nicht kochen)
damit der Saft ablaufen kann, den Fruchtbrei auf ein gespanntes Safttuch geben, nach dem Erkalten kräftig auspressen

1200 g Himbeeren (vorbereitet gewogen)

vorbereiten: Himbeeren sorgfältig verlesen, evtl. entstielen, wiegen (1200 g)
die Früchte in einen Kochtopf geben, zerdrücken, am besten mit einem Stampfer
die Früchte mit

125 ml ($\frac{1}{8}$ l) Wasser unter Rühren bis kurz vor dem Kochen erhitzen (nicht kochen)
damit der Saft ablaufen kann, den Fruchtbrei auf ein gespanntes Safttuch geben, nach dem Erkalten kräftig auspressen

oder
den Saft mit einem Dampfentsafter aus den im Rezept angegebenen Fruchtmengen – aber ohne Wasserzugabe – gewinnen
die weitere Verarbeitung mit

500 ml ($\frac{1}{2}$ l) Stachelbeersaft
750 ml ($\frac{3}{4}$ l) Himbeersaft
1 Beutel Gelfix
1250 g (1 $\frac{1}{4}$ kg) Zucker erfolgt nach den auf S. 74/75 angegebenen Regeln zur Herstellung von Gelee
Einfüllen des Gelees und Verschließen der Gläser s. S. 75
Aufbewahren der Gläser s. Regeln S. 74.

Stachelbeer-Gelee mit Aprikosen

800 g Stachelbeeren (vorbereitet gewogen)

vorbereiten: Stachelbeeren von Stiel und Blüte befreien, gründlich waschen, gut abtropfen lassen, wiegen (800 g)
die Früchte in einen Kochtopf geben, zerdrücken, am besten mit einem Stampfer, mit

125 ml ($\frac{1}{8}$ l) Wasser unter Rühren bis kurz vor dem

Kochen erhitzen (nicht kochen)
damit der Saft ablaufen kann, den Fruchtbrei auf ein gespanntes Safttuch geben, nach dem Erkalten kräftig auspressen

oder
den Saft mit einem Dampfentsafter aus der im Rezept angegebenen Fruchtmenge – aber ohne Wasserzugabe – gewinnen

600 g Aprikosen (vorbereitet gewogen)

vorbereiten: Aprikosen waschen, gut abtropfen lassen, entsteinen, in kleine Stücke schneiden, wiegen (600 g), mit

400 ml Stachelbeersaft

in einen Kochtopf geben
die weitere Verarbeitung mit

1 Beutel Gelfix Zwei + Eins
400 g Zucker

erfolgt nach den auf S. 76 angegebenen Regeln zur Herstellung von Gelee mit Gelfix Zwei + Eins
Einfüllen des Gelees und Verschließen der Gläser s. S. 76
Aufbewahren der Gläser s. Regeln S. 74.

Holunderbeer-Gelee

900 g Holunderbeerdolden (vorbereitet gewogen)

vorbereiten: Holunderbeerdolden waschen, gut abtropfen lassen, sorgfältig verlesen (nicht entstielen), wiegen (900 g)
die Früchte in einen Kochtopf geben, zerdrücken, am besten mit einem Stampfer, mit

250 ml (¼ l) Wasser

unter Rühren bis kurz vor dem Kochen erhitzen (nicht kochen)
damit der Saft ablaufen kann, den Fruchtbrei auf ein gespanntes Safttuch geben, nach dem Erkalten kräftig auspressen

oder
den Saft mit einem Dampfentsafter aus der oben angegebenen Fruchtmenge – aber ohne Wasserzugabe – gewinnen
die weitere Verarbeitung mit

600 ml Saft
1 Beutel Gelfix
900 g Zucker

erfolgt nach den auf S. 74/75 angegebenen Regeln zur Herstellung von Gelee
Einfüllen des Gelees und Verschließen der Gläser s. S. 75
Aufbewahren der Gläser s. Regeln S. 74.

Holunderbeer-Apfel-Gelee

600 g Holunderbeerdolden (vorbereitet gewogen)

vorbereiten: Holunderbeerdolden waschen, gut abtropfen lassen, sorgfältig verlesen (nicht entstielen), wiegen (600 g)
die Früchte in einen Kochtopf geben, zerdrücken, am besten mit einem Stampfer, mit

200 ml Wasser unter Rühren bis kurz vor dem Kochen erhitzen (nicht kochen)
damit der Saft ablaufen kann, den Fruchtbrei auf ein gespanntes Safttuch geben, nach dem Erkalten kräftig auspressen

500 g (½ kg) Äpfel (vorbereitet gewogen)

vorbereiten: Äpfel waschen, von Blüte, Stiel und schlechten Stellen befreien, in kleine Stücke schneiden, wiegen (500 g)
die Früchte in einen Kochtopf geben, mit

375 ml (⅜ l) Wasser im geschlossenen Topf zum Kochen bringen, weich kochen lassen
damit der Saft ablaufen kann, den Fruchtbrei auf ein gespanntes Safttuch geben (den Fruchtbrei nicht auspressen)

oder
den Saft mit einem Dampfentsafter aus den im Rezept angegebenen Fruchtmengen – aber ohne Wasserzugabe – gewinnen
die weitere Verarbeitung mit

400 ml Holunderbeersaft
200 ml Apfelsaft
1 Beutel Gelfix
900 g Zucker

erfolgt nach den auf S. 74/75 angegebenen Regeln zur Herstellung von Gelee
Einfüllen des Gelees und Verschließen der Gläser s. S. 75
Aufbewahren der Gläser s. Regeln S. 74.

Rhabarber-Orangen-Gelee

1250 g (1¼ kg) Rhabarber (vorbereitet gewogen) vorbereiten: Rhabarber waschen, abtrocknen (nicht abziehen), in ganz kleine Stücke schneiden, wiegen (1250 g), mit

375 ml (⅜ l) Wasser bis kurz vor dem Kochen erhitzen, 5 Minuten im geschlossenen Topf ziehen lassen
damit der Saft ablaufen kann, den Fruchtbrei auf ein gespanntes Safttuch geben, nach dem Erkalten kräftig auspressen

oder
den Saft mit einem Dampfentsafter aus der oben angegebenen Fruchtmenge – aber ohne Wasserzugabe – gewinnen

1 Eßl. feingeschnittene Orangenschale (unbehandelt) in
3 Eßl. Wasser weich dünsten lassen
die weitere Verarbeitung mit

750 ml (¾ l) Rhabarbersaft
3–4 Eßl. Orangensaft
Orangenschale
1 Beutel Gelfix

1000 g (1 kg) Zucker erfolgt nach den auf S. 74/75 angegebenen Regeln zur Herstellung von Gelee
Einfüllen des Gelees und Verschließen der Gläser s. S. 75
Aufbewahren der Gläser s. Regeln S. 74.

Johannisbeer-Gelee

aus schwarzen Johannisbeeren
(Abb. nebenstehend)

2000 g (2 kg) Johannisbeertrauben (vorbereitet gewogen)

vorbereiten: Johannisbeertrauben waschen, gut abtropfen lassen, sorgfältig verlesen (nicht entstielen), wiegen (2000 g)
die Früchte in einen Kochtopf geben, zerdrücken, am besten mit einem Stampfer, mit

1500 ml (1½ l) Wasser

unter Rühren bis kurz vor dem Kochen erhitzen (nicht kochen)
damit der Saft ablaufen kann, den Fruchtbrei auf ein gespanntes Safttuch geben, nach dem Erkalten kräftig auspressen

oder
den Saft mit einem Dampfentsafter aus der oben angegebenen Fruchtmenge – aber ohne Wasserzugabe – gewinnen
die weitere Verarbeitung mit

2000 ml (2 l) Saft
1 Beutel Gelfix
2000 g (2 kg) Zucker

erfolgt nach den auf S. 74/75 angegebenen Regeln zur Herstellung von Gelee

Doppelkochung:
3500 g (3½ kg) Johannisbeertrauben (vorbereitet gewogen)
2500 ml (2½ l) Wasser

wie im Rezept angegeben verarbeiten
die weitere Verarbeitung mit

3500 ml (3½ l) Saft
2 Beuteln Gelfix
3500 g (3½ kg) Zucker

erfolgt nach den auf S. 74/75 angegebenen Regeln zur Herstellung von Gelee
Einfüllen des Gelees und Verschließen der Gläser s. S. 75
Aufbewahren der Gläser s. Regeln S. 74.

Johannisbeer-Gelee

750 ml (¾ l) Johannisbeersaft
1 Beutel Gelfix Zwei + Eins
400 g Zucker

nach den auf S. 76 angegebenen Regeln zur Herstellung von Gelee mit Gelfix Zwei + Eins zubereiten
Einfüllen des Gelees und Verschließen der Gläser s. S. 76
Aufbewahren der Gläser s. Regeln S. 74.

Himbeer-Johannisbeer-Gelee

750 g (¾ kg) Himbeeren (vorbereitet gewogen)

vorbereiten: Himbeeren sorgfältig verlesen, evtl. entstielen, wiegen (750 g), in einen Kochtopf geben

750 g (¾ kg) rote Johannisbeertrauben (vorbereitet gewogen)

vorbereiten: Johannisbeertrauben waschen, gut abtropfen lassen, sorgfältig verlesen (nicht entstielen), wiegen (750 g), zu den Himbeeren geben
die Früchte zerdrücken, am besten mit einem Stampfer, mit

250 ml (¼ l) Wasser

unter Rühren bis kurz vor dem Kochen erhitzen (nicht kochen) damit der Saft ablaufen kann, den Fruchtbrei auf ein gespanntes Safttuch geben, nach dem Erkalten kräftig auspressen

oder
den Saft mit einem Dampfentsafter aus der oben angegebenen Fruchtmenge – aber ohne Wasserzugabe – gewinnen
die weitere Verarbeitung mit

1125 ml (1⅛ l) Saft
1 Beutel Gelfix
1375 g (1⅜ kg) Zucker

erfolgt nach den auf S. 74/75 angegebenen Regeln zur Herstellung von Gelee
Einfüllen des Gelees und Verschließen der Gläser S. 75
Aufbewahren der Gläser s. Regeln S. 74.

Himbeer-Gelee mit Zitronenmelisse

1250 g (1¼ kg) Himbeeren (vorbereitet gewogen)

vorbereiten: Himbeeren sorgfältig verlesen, evtl. entstielen, wiegen (1250 g), in einen Kochtopf geben, zerdrücken, am besten mit einem Stampfer, mit

125 ml (⅛ l) Wasser

unter Rühren bis kurz vor dem Kochen erhitzen (nicht kochen) damit der Saft ablaufen kann, den Fruchtbrei auf ein gespanntes Safttuch geben, nach dem Erkalten kräftig auspressen

oder
den Saft mit einem Dampfentsafter aus der oben angegebenen Fruchtmenge – aber ohne Wasserzugabe – gewinnen

die weitere Verarbeitung mit

800 ml Saft
Schale von ½ Zitrone (unbehandelt)
1 Beutel Gelfix
1000 g (1 kg) Zucker

erfolgt nach den auf S. 74/75 angegebenen Regeln zur Herstellung von Gelee
die Zitronenschale herausnehmen, das Gelee evtl. abschäumen

2 Eßl. gehackte Zitronenmelisse
Mark aus 1 Vanilleschote

unterrühren
Einfüllen des Gelees und Verschließen der Gläser s. S. 75
Aufbewahren der Gläser s. Regeln S. 74.

Johannisbeer-Gelee

aus roten Johannisbeeren

2000 g (2 kg) Johannisbeertrauben (vorbereitet gewogen)

vorbereiten: Johannisbeertrauben waschen, gut abtropfen lassen, sorgfältig verlesen (nicht entstielen), wiegen (2000 g)
die Früchte in einen Kochtopf geben, zerdrücken, am besten mit einem Stampfer, mit

500 ml (½ l) Wasser

unter Rühren bis kurz vor dem Kochen erhitzen (nicht kochen)
damit der Saft ablaufen kann, den Fruchtbrei auf ein gespanntes Safttuch geben, nach dem Erkalten kräftig auspressen

oder
den Saft mit einem Dampfentsafter aus der im Rezept angegebenen Fruchtmenge – aber ohne Wasserzugabe – gewinnen
die weitere Verarbeitung mit

1500 ml (1½ l) Saft
1 Beutel Gelfix
1750 g (1¾ kg) Zucker

erfolgt nach den auf S. 74/75 angegebenen Regeln zur Herstellung von Gelee

Doppelkochung:
3750 g (3¾ kg) Johannisbeertrauben (vorbereitet gewogen)
875 ml (⅞ l) Wasser

wie oben verarbeiten
die weitere Verarbeitung mit

2750 ml (2¾ l) Saft
2 Beuteln Gelfix
3000 g (3 kg) Zucker

erfolgt nach den auf S. 74/75 angegebenen Regeln zur Herstellung von Gelee
Einfüllen des Gelees und Verschließen der Gläser s. S. 75
Aufbewahren der Gläser s. Regeln S. 74.

Erdbeer-Gelee

1250 g (1¼ kg) Erdbeeren (vorbereitet gewogen)

vorbereiten: Erdbeeren waschen, gut abtropfen lassen, sorgfältig verlesen, entstielen, wiegen (1250 g)
die Früchte in einen Kochtopf geben, zerdrücken, am besten mit einem Stampfer, mit

125 ml (⅛ l) Wasser

unter Rühren bis kurz vor dem Kochen erhitzen (nicht kochen) damit der Saft ablaufen kann, den Fruchtbrei auf ein gespanntes Safttuch geben, nach dem Erkalten kräftig auspressen

oder
den Saft mit einem Dampfentsafter aus der oben angegebenen Fruchtmenge – aber ohne Wasserzugabe – gewinnen
die weitere Verarbeitung mit

750 ml (¾ l) Saft
1 Beutel Gelfix
1000 g (1 kg) Zucker

erfolgt nach den auf S. 74/75 angegebenen Regeln zur Herstellung von Gelee
Einfüllen des Gelees und Verschließen der Gläser s. S. 75
Aufbewahren der Gläser s. Regeln S. 74.

Brombeer-Gelee

1750 g (1¾ kg) Brombeeren (vorbereitet gewogen)

vorbereiten: Brombeeren verlesen, entstielen, vorsichtig waschen, wiegen (1750 g)
die Früchte in einen Kochtopf geben, zerdrücken, am besten mit einem Stampfer, mit

250 ml (¼ l) Wasser

unter Rühren bis kurz vor dem Kochen erhitzen (nicht kochen) damit der Saft ablaufen kann, den Fruchtbrei auf ein gespanntes Safttuch geben, nach dem Erkalten kräftig auspressen

oder
den Saft mit einem Dampfentsafter aus der oben angegebenen Fruchtmenge – aber ohne Wasserzugabe – gewinnen
die weitere Verarbeitung mit

1125 ml (1⅛ l) Saft
1 Beutel Gelfix
1250 g (1¼ kg) Zucker

erfolgt nach den auf S. 74/75 angegebenen Regeln zur Herstellung von Gelee
Einfüllen des Gelees und Verschließen der Gläser s. S. 75
Aufbewahren der Gläser s. Regeln S. 74.

Brombeer-Gelee mit Nektarinen

250 g (¼ kg) Nektarinen (vorbereitet gewogen)

vorbereiten: Nektarinen waschen, gut abtropfen lassen, entsteinen, in sehr kleine Stücke schneiden, wiegen (250 g), mit

500 ml (½ l) Brombeersaft — in einen Kochtopf geben

die weitere Verarbeitung mit

1 Beutel Gelfix Zwei + Eins

400 g Zucker — erfolgt nach den auf S.76 angegebenen Regeln zur Herstellung von Gelee mit Gelfix Zwei + Eins

Einfüllen des Gelees und Verschließen der Gläser s. S. 76

Aufbewahren der Gläser s. Regeln S. 74.

Pflaumen- oder Zwetschen-Gelee

750 ml (¾ l) Pflaumen- oder Zwetschensaft

1 Beutel Gelfix Zwei + Eins

400 g Zucker — gemischt mit

knapp ½ gestrichenen Teel. gemahlenem Zimt

1 Prise gemahlenen Gewürznelken

1 Prise gemahlener Muskatblüte — nach den auf S. 76 angegebenen Regeln zur Herstellung von Gelee mit Gelfix Zwei + Eins zubereiten

Einfüllen des Gelees und Verschließen der Gläser s. S. 76

Aufbewahren der Gläser s. Regeln S. 74.

Nektarinen-Gelee

250 g (¼ kg) Nektarinen (vorbereitet gewogen)

vorbereiten: Nektarinen waschen, gut abtropfen lassen, entsteinen, in kleine Stücke schneiden, wiegen (250 g), mit

500 ml (½ l) Nektarinensaft — in einen Kochtopf geben

die weitere Verarbeitung mit

1 Beutel Gelfix Zwei + Eins

400 g Zucker — erfolgt nach den auf S. 76 angegebenen Regeln zur Herstellung von Gelee mit Gelfix Zwei + Eins

zum Schluß

5 Eßl. Weißwein — unterrühren

Einfüllen des Gelees und Verschließen der Gläser s. S. 76

Aufbewahren der Gläser s. Regeln S. 74.

Apfel-Gelee

aus reifen Äpfeln (Abb. nebenstehend)

1500 g (1½ kg) Äpfel (vorbereitet gewogen)

vorbereiten: Äpfel waschen, von Blüte, Stiel und schlechten Stellen befreien, kleinschneiden, wiegen (1500 g)
die Früchte in einen Kochtopf geben, mit

1000 ml (1 l) Wasser

zum Kochen bringen, weich kochen lassen
damit der Saft ablaufen kann, den Fruchtbrei auf ein gespanntes Safttuch geben (nicht auspressen)

oder

den Saft mit einem Dampfentsafter aus der oben angegebenen Fruchtmenge – aber ohne Wasserzugabe – gewinnen
die weitere Verarbeitung mit

900 ml Saft
1 Beutel Gelfix
1000 g (1 kg) Zucker
1 Päckchen Vanillin-Zucker (mit dem Zucker mischen)

erfolgt nach den auf S. 74/75 angegebenen Regeln zur Herstellung von Gelee

Doppelkochung:
2500 g (2½ kg) Äpfel (vorbereitet gewogen)
2000 ml (2 l) Wasser

wie im Rezept angegeben verarbeiten
die weitere Verarbeitung mit

1750 ml (1¾ l) Saft
2 Beuteln Gelfix
2000 g (2 kg) Zucker
2 Päckchen Vanillin-Zucker (mit dem Zucker mischen)

erfolgt nach den auf S. 74/75 angegebenen Regeln zur Herstellung von Gelee
Einfüllen des Gelees und Verschließen der Gläser S. 75
Aufbewahren der Gläser s. Regeln S. 74.

Preiselbeer-Gelee mit Cidre

500 ml (½ l) Preiselbeersaft
250 ml (¼ l) Cidre, lieblich
1 Beutel Gelfix Zwei + Eins
400 g Zucker

nach den auf S. 76 angegebenen Regeln zur Herstellung von Gelee mit Gelfix Zwei + Eins zubereiten
Einfüllen des Gelees und Verschließen der Gläser S. 76
Aufbewahren der Gläser s. Regeln S. 74.

Quitten-Gelee

1500 g (1½ kg) reife Quitten (vorbereitet gewogen)

vorbereiten: Quitten trocken abreiben, um den Flaum zu entfernen die Quitten waschen, von Stiel, Blüte und schlechten Stellen befreien, in Stücke schneiden, wiegen (1500 g)
die Früchte in einen Kochtopf geben, mit

1125 ml (1⅛ l) Wasser

im geschlossenen Topf zum Kochen bringen, weich kochen lassen
damit der Saft ablaufen kann, den Fruchtbrei auf ein gespanntes Safttuch geben (den Fruchtbrei nicht auspressen)
oder
den Saft mit einem Dampfentsafter aus der oben angegebenen Fruchtmenge – aber ohne Wasserzugabe – gewinnen
die weitere Verarbeitung mit

875 ml (⅞ l) Saft
1 Beutel Gelfix
1000 g (1 kg) Zucker

erfolgt nach den auf S. 74/75 angegebenen Regeln zur Herstellung von Gelee
Einfüllen des Gelees und Verschließen der Gläser S. 75
Aufbewahren der Gläser s. Regeln S. 74.

Weintrauben-Gelee

aus grünen Trauben

2250 g (2¼ kg) grüne Weintrauben (vorbereitet gewogen)

vorbereiten: Weintrauben verlesen, waschen, wiegen (2250 g)
die Früchte in einen Kochtopf geben, zerdrücken, am besten mit einem Stampfer, mit

125 ml (⅛ l) Wasser

unter Rühren bis kurz vor dem Kochen erhitzen (nicht kochen)
damit der Saft ablaufen kann, den Fruchtbrei auf ein gespanntes Safttuch geben, nach dem Erkalten kräftig auspressen

oder
den Saft mit einem Dampfentsafter aus der oben angegebenen Fruchtmenge – aber ohne Wasserzugabe – gewinnen
die weitere Verarbeitung mit

1125 ml (1⅛ l) Saft
1 Beutel Gelfix
1375 g (1⅜ kg) Zucker

erfolgt nach den auf S. 74/75 angegebenen Regeln zur Herstellung von Gelee
Einfüllen des Gelees und Verschließen der Gläser s. S. 75
Aufbewahren der Gläser s. Regeln S. 74.

Säfte

Roher Saft

Regeln

1. Nur Obst von bester Beschaffenheit ist zum Haltbarmachen geeignet.
2. So frisch wie möglich muß das Einmachgut verarbeitet werden. Im eigenen Garten sollte man in den frühen Morgenstunden ernten, bevor die Hitze des Tages sich auswirkt, und nur so viel vorbereiten, wie am gleichen Tag verwertet werden kann. Nur in Ausnahmefällen Obst bis zum anderen Tag aufbewahren und dann an einem kühlen Ort trokken, aber ausgebreitet lagern.
3. Alle Einmachgefäße und -geräte dürfen nur ausschließlich für ihren besonderen Zweck verwendet und vor allem nicht mit Fett in Berührung gebracht werden. Sie gründlich vor jedem Gebrauch in heißem Wasser unter Zusatz eines handelsüblichen Spülmittels reinigen, sie in klarem Wasser nachspülen und, auf ein Tuch gestülpt, ablaufen lassen.
4. Auf größte Sauberkeit muß beim Einmachen unbedingt geachtet werden, schon das kleinste Krümchen Brot, das in ein Einmachgefäß fällt, kann den Inhalt zum Gären, d. h. zum Verderben bringen.
5. Die gewogenen Früchte verlesen, waschen (Himbeeren nicht), gut abtropfen lassen und von den Stielen befreien (Johannisbeertrauben nur dann entstielen, wenn die Rückstände weiterverarbeitet werden sollen).
6. Sie dann in eine Schüssel geben und zerdrücken, am besten mit einem Stampfer (Sauerkirschen evtl. durch den Fleischwolf geben).
7. Die Zitronensäure in der vorgeschriebenen Menge Wasser lösen, über die Früchte gießen.
8. Den Fruchtbrei 24 Stunden an einem kühlen Ort zugedeckt stehenlassen und ihn während dieser Zeit häufig umrühren. Der Fruchtbrei darf nicht zu warm stehen, da dann eine Gärung eintritt.
9. Danach den Fruchtbrei auf ein gespanntes Safttuch (die 4 Zipfel des Tuches an die Beine eines umgekehrten Stuhles binden, eine Schüssel zum Auffangen darunter stellen) geben und den Saft gut ablaufen lassen.
10. Den gewonnenen Saft messen und mit dem Zucker verrühren.
11. Die im Rezept angegebene Menge Einmach-Hilfe mit 1 Teel. Zucker vermischen, mit 1 Eßl. Saft anrühren und zu dem übrigen Saft geben.
12. Wenn der Zucker vollständig gelöst ist, den Saft in vorbereitete Flaschen (evtl. Schraubverschlußflaschen) füllen und sie mit ausgekochten Gummikappen verschließen.
13. Es ist zweckmäßig, auf jede Flasche ein Schildchen mit der Bezeichnung des Eingemachten und dem Datum der Herstellung zu kleben, damit das ältere Eingemachte stets zuerst verwendet wird.
14. Alles Eingemachte muß an einem trockenen, kühlen, der Zugluft zugänglichen Ort aufbewahrt und von Zeit zu Zeit durchgesehen werden (direkte Sonnenbestrahlung vermeiden).

Himbeersaft

2½ kg Himbeeren	verlesen, evtl. entstielen, in eine Schüssel geben, zerdrücken (am besten mit einem Stampfer)
50 g Zitronensäure	in
1½ l Wasser	lösen, über die Himbeeren gießen, 24 Stunden an einem kühlen Ort zugedeckt stehenlassen, ab und zu umrühren den Fruchtbrei auf ein gespanntes Safttuch geben, gut ablaufen lassen den gewonnenen Saft messen, mit
etwa 2 kg Zucker	verrühren (auf 1 Liter Saft ¾ – 1 kg Zucker nehmen)
1 Päckchen Einmach-Hilfe	mit
1 Teel. Zucker	mischen, mit 1 Eßl. von dem Saft anrühren, zu dem übrigen Saft geben wenn der Zucker vollständig gelöst ist, den Saft in die vorbereiteten Flaschen (S. 98 Punkt 3/4) füllen, verschließen (S. 98 Punkt 12).

Johannisbeer-Himbeer-Saft

3 kg rote Johannisbeertrauben	waschen, gut abtropfen lassen, sorgfältig verlesen, entstielen
2 kg Himbeeren	verlesen, evtl. entstielen das Obst in eine Schüssel geben, zerdrücken (am besten mit einem Stampfer)
15 g Zitronensäure	in
1 l Wasser	lösen, über das Obst gießen, 24 Stunden an einem kühlen Ort zugedeckt stehenlassen, ab und zu umrühren den Fruchtbrei auf ein gespanntes Safttuch geben, gut ablaufen lassen den gewonnenen Saft messen, mit
etwa 2½ kg Zucker	verrühren (auf 1 Liter Saft ¾ – 1 kg Zucker nehmen)
1 Päckchen Einmach-Hilfe	mit
1 Teel. Zucker	mischen, mit 1 Eßl. von dem Saft anrühren, zu dem übrigen Saft geben wenn der Zucker vollständig gelöst ist, den Saft in die vorbereiteten Flaschen (S. 98 Punkt 3/4) füllen, verschließen (S. 98 Punkt 12).

Brombeersaft

2½ kg Brombeeren	verlesen, waschen, gut abtropfen lassen, entstielen, in eine Schüssel geben, zerdrücken (am besten mit einem Stampfer)
50 g Zitronensäure	in
1½ l Wasser	lösen, über die Brombeeren gießen, 24 Stunden an einem kühlen Ort zugedeckt stehenlassen, ab und zu umrühren den Fruchtbrei auf ein gespanntes Safttuch geben, gut ablaufen lassen den gewonnenen Saft messen, mit
etwa 2 kg Zucker	verrühren (auf 1 Liter Saft ¾ – 1 kg Zucker nehmen)
1 Päckchen Einmach-Hilfe	mit
1 Teel. Zucker	mischen, mit 1 Eßl. von dem Saft anrühren, zu dem übrigen Saft geben wenn der Zucker vollständig gelöst ist, den Saft in die vorbereiteten Flaschen (S. 98 Punkt 3/4) füllen, verschließen (S. 98 Punkt 12).

Sauerkirschsaft

(Abb. nebenstehend)

Etwa 4½ kg Sauerkirschen	waschen, entstielen, entsteinen, evtl. durch den Fleischwolf drehen, um sie besser auszunutzen die Kirschen in eine Schüssel geben, zerdrücken (am besten mit einem Stampfer)
15 g Zitronensäure	in
125 ml (⅛ l) Wasser	lösen, über die Kirschen gießen, 24 Stunden an einem kühlen Ort zugedeckt stehenlassen, ab und zu umrühren den Fruchtbrei auf ein gespanntes Safttuch geben, gut ablaufen lassen den gewonnenen Saft messen, mit
etwa 2½ kg Zucker	verrühren (auf 1 Liter Saft ¾ – 1 kg Zucker nehmen)
1 Päckchen Einmach-Hilfe	mit
1 Teel. Zucker	mischen, mit 1 Eßl. von dem Saft anrühren, zu dem übrigen Saft geben wenn der Zucker vollständig gelöst ist, den Saft in die vorbereiteten Flaschen (S. 98 Punkt 3/4) füllen, verschließen (S. 98 Punkt 12).

Gekochter (gedämpfter) Saft

Regeln

1. Nur Obst von bester Beschaffenheit ist zum Haltbarmachen geeignet.
2. So frisch wie möglich muß das Einmachgut verarbeitet werden. Im eigenen Garten sollte man in den frühen Morgenstunden ernten, bevor die Hitze des Tages sich auswirkt, und nur so viel vorbereiten, wie am gleichen Tage verwertet werden kann. Nur in Ausnahmefällen Obst bis zum anderen Tag aufbewahren und dann an einem kühlen Ort trokken, aber ausgebreitet lagern.
3. Zum Kochen der Früchte eignen sich sowohl Emaille- als auch Edelstahltöpfe. Beschädigte Töpfe sollen in der Einmachküche nicht benutzt werden.
4. Alle Einmachgefäße und -geräte dürfen nur ausschließlich für ihren besonderen Zweck verwendet und vor allem nicht mit Fett in Berührung gebracht werden. Sie gründlich vor jedem Gebrauch in heißem Wasser unter Zusatz eines handelsüblichen Spülmittels reinigen, sie in klarem Wasser nachspülen und, auf ein Tuch gestülpt, ablaufen lassen.
5. Auf größte Sauberkeit muß beim Einmachen unbedingt geachtet werden, schon das kleinste Krümchen Brot, das in ein Einmachgefäß fällt, kann den Inhalt zum Gären, d. h. zum Verderben bringen.
6. Die gewogenen Früchte verlesen, waschen (Himbeeren nicht), gut abtropfen lassen und von Stielen befreien (Johannisbeertrauben, Holunderbeerdolden nur dann entstielen, wenn die Rückstände weiterverarbeitet werden sollen).
7. **Für gekochte Säfte** das Obst in einen Kochtopf geben, zerdrücken und mit der vorgeschriebenen Menge Wasser bei starker Hitze bis zum Kochen bringen.
8. Den Fruchtbrei auf ein gespanntes Safttuch (die 4 Zipfel des Tuches an die Beine eines umgekehrten Stuhles binden, eine Schüssel zum Auffangen darunter stellen) geben und den Saft gut ablaufen lassen.
9. Den gewonnenen Saft messen und mit dem Zucker verrühren.
10. Den Saft mit dem Zucker bei starker Hitze einmal aufkochen lassen und danach abschäumen.
11. Die im Rezept angegebene Menge Einmach-Hilfe in den fertigen, aber nicht mehr kochenden Saft rühren.
12. **Für gedämpfte Säfte** das vorbereitete Obst schichtweise mit der entsprechenden Zuckermenge (aber ohne Wasserzugabe) in einen Dampfentsafter füllen **(Zuckermenge und Entsaftungszeit s. Gebrauchsanleitung für Dampfentsafter).**
    15 Minuten vor Beendigung der Entsaftungszeit 1 Flasche Saft abfüllen und nochmals über das Obst im Dampfentsafter gießen.
13. Damit die Flaschen beim Einfüllen von heißem Saft nicht zerplatzen, sie am besten auf ein feuchtes Tuch stellen.
14. Den **gekochten heißen Saft** in vorbereitete Flaschen (evtl. Schraubverschlußflaschen) füllen und sie **nach dem Erkalten** mit ausgekochten Gummikappen verschließen.
    Die Flaschen mit **gedämpftem Saft** nach dem Einfüllen **sofort** verschließen.
15. Es ist zweckmäßig, auf jede Flasche ein Schildchen mit der Bezeichnung des Eingemachten und dem Datum der Herstellung zu kleben, damit das ältere Eingemachte stets zuerst verwendet wird.
16. Alles Eingemachte muß an einem trockenen, kühlen, der Zugluft zugänglichen Ort aufbewahrt und von Zeit zu Zeit durchgesehen werden (direkte Sonnenbestrahlung vermeiden).

Johannisbeersaft

aus schwarzen Johannisbeeren

5 kg Johannisbeertrauben verlesen, waschen, gut abtropfen lassen (nicht entstielen), in einen Kochtopf geben, zerdrücken (am besten mit einem Stampfer), mit

3 l Wasser bis zum Kochen bringen
die Beeren auf ein gespanntes Safttuch geben, gut ablaufen lassen
den gewonnenen Saft messen, mit

etwa 3 kg Zucker verrühren (auf 1 Liter Saft ¾ – 1 kg Zucker nehmen), einmal aufkochen lassen, abschäumen

1 Päckchen Einmach-Hilfe in den heißen Saft rühren, in die vorbereiteten Flaschen (S. 102 Punkt 4/5) füllen, verschließen (S. 102 Punkt 14).

Johannisbeersaft

aus roten Johannisbeeren

4 kg Johannisbeertrauben verlesen, waschen, gut abtropfen lassen (nicht entstielen), in einen Kochtopf geben, zerdrücken (am besten mit einem Stampfer), mit

2 l Wasser bis zum Kochen bringen
den Fruchtbrei auf ein gespanntes Safttuch geben, gut ablaufen lassen
den gewonnenen Saft messen, mit

etwa 2 kg Zucker verrühren (auf 1 Liter Saft höchstens 650 g Zucker nehmen, Saft geliert leicht), einmal aufkochen lassen, abschäumen

1 Päckchen Einmach-Hilfe in den heißen Saft rühren, in die vorbereiteten Flaschen (S. 102 Punkt 4/5) füllen, verschließen (S. 102 Punkt 14).

Brombeersaft

3 kg Brombeeren verlesen, waschen, gut abtropfen lassen, evtl. entstielen, in einen Kochtopf geben, zerdrücken (am besten mit einem Stampfer), mit

1½ l Wasser bis zum Kochen bringen
den Fruchtbrei auf ein gespanntes Safttuch geben, gut ablaufen lassen
den gewonnenen Saft messen, mit

1½ – 2 kg Zucker verrühren (auf 1 Liter Saft ¾ – 1 kg Zucker nehmen), einmal aufkochen lassen, abschäumen

1 Päckchen Einmach-Hilfe in den heißen Saft rühren, in die vorbereiteten Flaschen (S. 102 Punkt 4/5) füllen, verschließen (S. 102 Punkt 14).

Holunderbeersaft

(Abb. nebenstehend)

4 kg Holunderbeerdolden	verlesen, waschen, gut abtropfen lassen, in einen Kochtopf geben, zerdrücken (am besten mit einem Stampfer), mit
2½ l Wasser	bis zum Kochen bringen die Holunderbeerdolden auf ein gespanntes Safttuch geben, gut ablaufen lassen den gewonnenen Saft messen, mit
etwa 3½ kg Zucker	verrühren (auf 1 Liter Saft ¾ – 1 kg Zucker nehmen), einmal aufkochen lassen, abschäumen
1 Päckchen Einmach-Hilfe	in den heißen Saft rühren, in die vorbereiteten Flaschen (S. 102 Punkt 4/5) füllen, verschließen (S. 102 Punkt 14).

Sauerkirschsaft

Etwa 5½ kg Sauerkirschen	waschen, gut abtropfen lassen, entsteinen, mit
1 kg Zucker	mischen, an einem kühlen Ort 24 Stunden zugedeckt stehenlassen, ab und zu umrühren die Kirschen auf ein gespanntes Safttuch geben, gut ablaufen lassen den gewonnenen Saft messen, mit
etwa 1 kg Zucker	verrühren (auf 1 Liter Saft 300 – 400 g Zucker nehmen), einmal aufkochen lassen, abschäumen
½ Päckchen Einmach-Hilfe	in den heißen Saft rühren, in die vorbereiteten Flaschen (S. 102 Punkt 4/5) füllen, verschließen (S. 102 Punkt 14). Aus den Rückständen Kompott zubereiten, das später gut für Obstkuchen verwendet werden kann die Rückstände (etwa 2½ kg) mit ¾ – 1 kg Zucker gut durchkochen lassen, von der Kochstelle nehmen, ½ Päckchen Einmach-Hilfe unterrühren und die Fruchtmasse sofort in vorbereitete Gläser (S. 108 Punkt 4/5) füllen, verschließen (S. 108 ab Punkt 10).

Himbeersaft

4 kg Himbeeren	verlesen, evtl. entstielen, in einen Kochtopf geben, zerdrücken (am besten mit einem Stampfer), mit
1 l Wasser	bis zum Kochen bringen den Fruchtbrei auf ein gespanntes Safttuch geben, gut ablaufen lassen den gewonnenen Saft messen, mit
etwa 2 kg Zucker	verrühren (auf 1 Liter Saft ¾ – 1 kg Zucker nehmen), einmal aufkochen lassen, abschäumen
1 Päckchen Einmach-Hilfe	in den heißen Saft rühren, in die vorbereiteten Flaschen (S. 102 Punkt 4/5) füllen, verschließen (S. 102 Punkt 14).

Erdbeersaft

(Abb. nebenstehend)

3 kg Erdbeeren	waschen, gut abtropfen lassen, entstielen, in einen Kochtopf geben, zerdrücken (am besten mit einem Stampfer), mit
1 l Wasser	bis zum Kochen bringen den Fruchtbrei auf ein gespanntes Safttuch geben, gut ablaufen lassen den gewonnenen Saft messen, mit
etwa 2 kg Zucker	verrühren (auf 1 Liter Saft ¾ – 1 kg Zucker nehmen), einmal aufkochen lassen, abschäumen
1 Päckchen Einmach-Hilfe	in den heißen Saft rühren, in die vorbereiteten Flaschen (S. 102 Punkt 4/5) füllen, verschließen (S. 102 Punkt 14).

Einlegen in Essig

Einlegen in Essig

Früchte und Gemüse lassen sich auf einfache Weise durch Einsäuern haltbar machen, denn Säure hindert nicht nur die Bakterien am Wachstum, sie zerstört sie sogar. Allerdings muß der Essig so stark sein, daß er nicht selbst von Schimmelpilzen angegriffen werden kann. Auf keinen Fall darf man also die in den Rezepten vorgeschriebene Essigmenge willkürlich herabsetzen.
Wird dem Essig noch Zucker zugesetzt, so hat man die sogenannte „Gemischte Konservierung", die sich vorzüglich bei Obst, aber auch bei Gurken und Kürbis anwenden läßt.

Regeln

1. Nur Obst und Gemüse von bester Beschaffenheit sind zum Haltbarmachen geeignet.
2. So frisch wie möglich muß das Einmachgut verarbeitet werden. Im eigenen Garten in den frühen Morgenstunden ernten, bevor die Hitze des Tages sich auswirkt, und nur so viel vorbereiten, wie am gleichen Tag verwertet werden kann. Nur in Ausnahmefällen kann Gemüse oder Obst bis zum anderen Tag aufbewahrt werden und muß dann an einem kühlen Ort trocken, aber ausgebreitet lagern.
3. Zum Kochen der Früchte eignen sich sowohl Emaille- als auch Edelstahltöpfe. Beschädigte Töpfe sollen in der Einmachküche nicht benutzt werden.
4. Alle Einmachgefäße und -geräte dürfen nur ausschließlich für ihren besonderen Zweck verwendet und vor allem nicht mit Fett in Berührung gebracht werden. Sie gründlich vor jedem Gebrauch in heißem Wasser unter Zusatz eines handelsüblichen Spülmittels reinigen, sie in klarem Wasser nachspülen und, auf ein Tuch gestülpt, ablaufen lassen.
5. Auf größte Sauberkeit muß beim Einmachen unbedingt geachtet werden, schon das kleinste Krümchen Brot, das in ein Einmachgefäß fällt, kann den Inhalt zum Gären, d. h. zum Verderben bringen.
6. Essig und Zucker bei starker Hitze zum Kochen bringen.
7. Um die Früchte gleichmäßig gar kochen zu können, nur so viele in den Topf geben, wie nebeneinander Platz haben.
8. Den Saft evtl. dick einkochen lassen und erst dann über das Gemüse (Früchte) gießen.
9. Damit die Gläser beim Einfüllen von heißem Einmachgut nicht springen, sie am besten auf ein feuchtes Tuch stellen.
10. Alles in Essig Eingelegte mit Pergamentpapier bedecken, mit Sichtfolie zubinden.
11. Zum Bedecken aus Pergamentpapier runde Blättchen in der Größe der Oberfläche des Eingemachten schneiden (auf keinen Fall kleiner, denn die Oberfläche muß vollkommen bedeckt sein).
12. Die Blättchen durch Kornbranntwein, Rum oder Essig ziehen, auf das Eingemachte legen und gut andrücken. Um die Oberfläche vor Schimmel zu bewahren, die feuchten Blättchen gleichmäßig mit etwas Einmach-Hilfe bestreuen. Das Eingemachte evtl. beschweren (z. B. mit einem Glasteller).
13. Zum Zubinden Sichtfolie in passende Stücke schneiden, straff über die Öffnung ziehen und mit einem Gummibändchen befestigen.
14. Es ist zweckmäßig, auf jedes Gefäß ein Schildchen mit der Bezeichnung des Eingemachten und dem Datum der Herstellung zu kleben, damit das ältere Eingemachte stets zuerst verwendet wird.
15. Alles Eingemachte muß an einem trockenen, kühlen, der Zugluft zugänglichen Ort aufbewahrt und von Zeit zu Zeit durchgesehen werden (direkte Sonnenbestrahlung vermeiden).

Lappengurken

2 kg gelbe Gemüsegurken (vorbereitet gewogen)
vorbereiten: Gurken schälen, der Länge nach durchschneiden, das Mark mit einem Löffel auskratzen
die Gurken in Scheiben schneiden

8 mittelgroße Zwiebeln abziehen, halbieren, in Scheiben schneiden
beide Zutaten in eine Schüssel schichten, mit

2 Eßl. Salz bestreuen, so viel

Wasser hinzufügen, daß das Gemüse bedeckt ist, zugedeckt 24 Stunden an einem kühlen Ort stehenlassen, abtropfen lassen, in ein vorbereitetes großes Glas füllen (S. 108 Punkt 4/5)

für die Essig-Zucker-Lösung

30 – 50 g frische Ingwerwurzel schälen, in kleine Würfel schneiden, mit

250 ml (¼ l) Weinessig
250 ml (¼ l) Wasser
350 g Zucker
1 Zimtstange
6 Gewürznelken
8 Pfefferkörnern
1 Eßl. gelben Senfkörnern (Senfkörner evtl. in einem Mullbeutel) zum Kochen bringen, kurz aufkochen lassen, von der Kochstelle nehmen

1 Päckchen Einmach-Hilfe unterrühren, über die Gurken gießen
das Glas nach dem Erkalten verschließen (S. 108 ab Punkt 10).

Tomaten in Essig

2 kg kleine, reife, aber feste Tomaten waschen, abtrocknen, jede Tomate 15 – 20 mal mit einem Hölzchen einstechen, in vorbereitete Gläser (S. 108 Punkt 4/5) füllen

für die Essiglösung

4 Schalotten oder kleine Zwiebeln abziehen, in Ringe schneiden, mit

1 l Weinessig
250 ml (¼ l) Wasser
20 g Salz
20 g Zucker
2 Gewürznelken
20 g Pfefferkörnern
20 g Senfkörnern zum Kochen bringen, von der Kochstelle nehmen

1 Päckchen Einmach-Hilfe unterrühren, über die Tomaten gießen
die Gläser nach dem Erkalten verschließen (S. 108 ab Punkt 10).

Gemischtes Gemüse

(Abb. nebenstehend)

500 g Möhren putzen, schrappen, waschen, evtl. halbieren oder vierteln

250 g Grüne Bohnen putzen, evtl. abfädeln, waschen

300 g Staudensellerie putzen, waschen, in 10 – 12 cm lange Stücke schneiden

2 mittelgroße Fenchelknollen putzen, waschen, in Scheiben schneiden

2 rote Paprikaschoten halbieren, entstielen, entkernen, die weißen Scheidewände entfernen, die Schoten waschen, in Stücke schneiden

1 Bund Frühlingszwiebeln putzen, waschen, in 10 – 12 cm lange Stücke schneiden
das Gemüse – jedes für sich – in

kochendes Salzwasser geben, zum Kochen bringen, halb weich kochen, abtropfen lassen
das Gemüse in vorbereitete Gläser (S. 108 Punkt 4/5) schichten

für die Essig-Zucker-Lösung

750 ml (¾ l) Kräuteressig mit
500 ml (½ l) Wasser
3 – 4 Eßl. Flüssigsüße
2 – 2 ½ Teel. Salz
2 Eßl. Senfkörnern
40 g Ingwerwurzelscheiben
2 kleinen Lorbeerblättern
1 Bund gewaschenen frischen Kräutern zum Kochen bringen, kurz aufkochen lassen,
über das Gemüse gießen
am anderen Tag die Flüssigkeit abgießen (Kräuter und Lorbeerblätter entfernen),
nochmals aufkochen, von der Kochstelle nehmen

1 Päckchen Einmach-Hilfe unterrühren, über das Gemüse gießen
die Gläser nach dem Erkalten verschließen (S. 108 ab Punkt 10).

Perlzwiebeln, süß-sauer

750 g Perlzwiebeln	abziehen
½ rote Paprikaschote	entstielen, entkernen, die weißen Scheidewände entfernen, die Schote waschen, in Würfel schneiden
1 l Salzwasser	zum Kochen bringen, die Perlzwiebeln hineingeben, zum Kochen bringen, etwa 5 Minuten kochen lassen, die Paprikawürfel hinzufügen, etwa 1 Minute mitkochen, abtropfen lassen, in vorbereitete Gläser (S. 108 Punkt 4/5) füllen
	für die Essig-Zucker-Lösung
250 ml (¼ l) Weinessig	mit
125 ml (⅛ l) Wasser	
375 g Zucker	
5 Gewürznelken	
1 Teel. Senfkörnern	zum Kochen bringen, kurz aufkochen lassen, von der Kochstelle nehmen
1 Päckchen Einmach-Hilfe	unterrühren, über die Perlzwiebeln gießen die Gläser nach dem Erkalten verschließen (S. 108 ab Punkt 10).

Paprika, süß-sauer

500 g gelbe Paprikaschoten	
750 g grüne Paprikaschoten	
750 g rote Paprikaschoten	die Schoten halbieren, entstielen, entkernen, die weißen Scheidewände entfernen, die Schoten waschen
250 g Zwiebeln	abziehen, halbieren die Zutaten in Streifen schneiden
	für die Essig-Zucker-Lösung
500 ml (½ l) Weinessig	mit
125 ml (⅛ l) Wasser	
750 g Zucker	
Salz	
Pfeffer	
Paprika edelsüß	zum Kochen bringen, das Gemüse hineingeben, zum Kochen bringen, etwa 30 Minuten kochen lassen, mit
Zucker	abschmecken, von der Kochstelle nehmen
1 Päckchen Einmach-Hilfe	unterrühren das Gemüse in vorbereitete Gläser (S. 108 Punkt 4/5) füllen, nach dem Erkalten verschließen (S. 108 ab Punkt 10) **oder** heiß in Schraubverschlußgläser (Twist-off-Deckel) füllen, **sofort** verschließen, 5 Minuten auf dem Deckel stehenlassen.

Prinzeßbohnen, süß-sauer

1 kg Prinzeßbohnen putzen, evtl. abfädeln, waschen
Salzwasser zum Kochen bringen, die Bohnen hineingeben, zum Kochen bringen, etwa 5 Minuten kochen lassen, auf ein Sieb geben, die Bohnen kurz in
sehr kaltes Wasser (Wassereiswürfel aus dem Gefrierfach in das Wasser geben) tauchen, abtropfen lassen, in vorbereitete Gläser (S. 108 Punkt 4/5) füllen

für die Essig-Zucker-Lösung

500 ml (½ l) Weinessig mit
500 ml (½ l) Wasser
750 g Zucker
2 Zimtstangen
10 Gewürznelken zum Kochen bringen, etwas einkochen lassen, von der Kochstelle nehmen
1 Päckchen Einmach-Hilfe unterrühren, über die Bohnen gießen
die Gläser nach dem Erkalten verschließen (S. 108 ab Punkt 10).

Essig-Gurken

(Abb. nebenstehend)

4 kg nicht zu große, gerade gewachsene Gurken waschen, mit
Salzwasser (1 l Wasser und 75 g Salz) bedecken, 12 – 24 Stunden an einem kühlen Ort stehenlassen, danach sorgfältig bürsten, abspülen, die Gurken einzeln mit einem Tuch abtrocknen, schlechte Stellen entfernen
375 g Perlzwiebeln abziehen
75 g Meerrettich putzen, waschen, in Stücke schneiden
Dill waschen
Estragon waschen
die Gurken abwechselnd mit den Zutaten in einen Steintopf (S. 108 Punkt 4/5) schichten

für die Essig-Zucker-Lösung

1½ l Weinessig (5%) mit
1½ l Wasser
300 – 375 g Zucker zum Kochen bringen, von der Kochstelle nehmen
1 Päckchen Einmach-Hilfe unterrühren
so viel von der heißen Flüssigkeit über die Gurken gießen, daß sie gut bedeckt sind, erkalten lassen, den Topf verschließen (S. 108 ab Punkt 10).

Senfgurken

2 kg Gemüsegurken (vorbereitet gewogen)	vorbereiten: Gurken schälen, der Länge nach durchschneiden, das Mark mit einem Löffel auskratzen die Gurken in 2 – 3 cm dicke Stücke schneiden, in eine Schüssel geben, mit
etwa 1 ½ Eßl. Salz	bestreuen, so viel
Wasser	hinzufügen, daß die Gurken bedeckt sind, zugedeckt 24 Stunden an einem kühlen Ort stehenlassen, abtropfen lassen, in ein vorbereitetes großes Glas (S. 108 Punkt 4/5) füllen
	für die Essig-Zucker-Lösung
250 ml (¼ l) Weinessig	mit
250 ml (¼ l) Wasser	
375 g Zucker	
1 Eßl. Salz	
2 Eßl. gelben Senfkörnern	zum Kochen bringen, kurz aufkochen lassen, von der Kochstelle nehmen
1 Päckchen Einmach-Hilfe	unterrühren, über die Gurken gießen das Glas nach dem Erkalten verschließen (S. 108 ab Punkt 10).

Ingwer-Birnen, süß-sauer

2 kg kleine Birnen	waschen, schälen, Blüten und Stiele entfernen, in
Salzwasser	legen, um zu verhindern, daß die Früchte braun werden
	für die Essig-Zucker-Lösung
375 ml (3/8 l) Weinessig	mit
250 ml (1/4 l) Wasser	
1 kg weißen Kandiszucker	
4 Gewürznelken	
1 Stück Stangenzimt	
1 Stück Ingwerwurzel (getrocknet)	
2 – 3 Sternanis	zum Kochen bringen (Zucker muß sich völlig gelöst haben) die Birnen nach und nach fast weich darin kochen lassen, mit einem Schaumlöffel herausnehmen, in vorbereitete Gläser (S. 108 Punkt 4/5) füllen, die Flüssigkeit noch etwas einkochen lassen, über die Birnen gießen Saft nach 3 Tagen abgießen, dick einkochen lassen, von der Kochstelle nehmen
1 Päckchen Einmach-Hilfe	unterrühren, über die Birnen gießen, die Gläser nach dem Erkalten verschließen (S. 108 ab Punkt 10).

Kürbis, süß-sauer

(Abb. S. 114/115)

2 ½ kg Kürbis schälen, waschen, das Mark mit einem Löffel auskratzen
den Kürbis in kleine Würfel schneiden, in eine Schüssel geben

125 ml (⅛ l) Weinessig darüber gießen, gut durchrühren
den Kürbis etwa 12 Stunden (am besten über Nacht) durchziehen lassen
den Kürbis abtropfen lassen, die Flüssigkeit auffangen, mit

125 ml (⅛ l) Weinessig
750 g Zucker
1 – 2 Stück Stangenzimt
einigen Gewürznelken zum Kochen bringen, den Kürbis hineingeben, zum Kochen bringen, glasig kochen lassen, heiß mit der Flüssigkeit in Schraubverschlußgläser (Twist-off-Deckel) füllen, **sofort** verschließen, 5 Minuten auf dem Deckel stehenlassen.

Renekloden, süß-sauer

(Abb. S. 114/115)

2 kg Renekloden waschen, gut abtropfen lassen, in ein vorbereitetes Gefäß (S. 108 Punkt 4/5) füllen

für die Essig-Zucker-Lösung

250 ml (¼ l) Weinessig mit

250 ml (¼ l) Wasser
750 g Zucker
1 Stück Stangenzimt
5 Gewürznelken
Zitronenschale (unbehandelt) zum Kochen bringen, kurz aufkochen lassen, von der Kochstelle nehmen

1 Päckchen Einmach-Hilfe unterrühren, über die Renekloden gießen
das Gefäß nach dem Erkalten verschließen (S. 108 ab Punkt 10).

Mixed Pickles

(Abb. S. 114/115)

1 kg kleine, feste Gurken waschen, mit

Salzwasser (auf 1 l Wasser 75 g Salz) bedecken, 12 – 24 Stunden an einem kühlen Ort stehenlassen, danach sorgfältig bürsten, abspülen
die Gurken einzeln mit einem Tuch abtrocknen, schlechte Stellen entfernen

1 kleinen Kopf Blumenkohl putzen, in Röschen teilen, waschen (evtl. in Salzwasser legen, um Raupen und Insekten zu entfernen), abtropfen lassen

250 g Grüne Bohnen	putzen, evtl. abfädeln, waschen, in etwa 4 cm lange Stücke brechen
500 g Möhren	putzen, schrappen, waschen, mit einem Buntschneidemesser in Scheiben schneiden Blumenkohl, Bohnen und Möhren nacheinander in Wasser fast gar kochen lassen, auf ein Sieb geben
½ Stange Meerrettich	putzen, waschen, in Stücke schneiden
125 g Perlzwiebeln	abziehen
1 rote Paprikaschote	halbieren, entstielen, entkernen, die weißen Scheidewände entfernen, die Schote waschen, in Streifen schneiden das Gemüse mit Meerrettich, Zwiebeln,
3 Lorbeerblättern **20 Pfefferkörnern** **10 Pimentkörnern**	fest in vorbereitete Gläser (S. 108 Punkt 4/5) schichten
	für die Essig-Zucker-Lösung
750 ml (¾ l) Weinessig	mit
1 ¼ l Wasser **125 g Zucker** **60 g Salz**	zum Kochen bringen, von der Kochstelle nehmen
1 Päckchen Einmach-Hilfe	unterrühren, über die Mixed Pickles gießen die Gläser nach dem Erkalten verschließen (S. 108 ab Punkt 10).

Pfirsich-Ingwer-Pickles

(Abb. unten)

1 kg Pfirsiche	kurze Zeit in kochendes Wasser legen (nicht kochen lassen), enthäuten, halbieren, entsteinen, vierteln
100 g Ingwer in Sirup (aus dem Glas)	in Streifen schneiden beide Zutaten mit
10 – 20 Gewürznelken	in ein vorbereitetes großes Glas (S. 108 Punkt 4/5) schichten

bitte umblättern

für die Essig-Zucker-Lösung

150 ml Weinessig mit
200 ml Wasser
375 g Zucker zum Kochen bringen, kurz aufkochen lassen, von der Kochstelle nehmen
1 Päckchen Einmach-Hilfe unterrühren, über die Pfirsiche gießen
das Glas nach dem Erkalten verschließen (S. 108 ab Punkt 10).

Exotische Essigfrüchte

(Abb. nebenstehend)

2 Mangos (600 – 800 g) halbieren, entsteinen, in Stücke schneiden
2 Papayas (600 – 800 g) halbieren, entkernen, in Stücke schneiden
1 Ananas (600 – 800 g) schälen, in Scheiben schneiden
den inneren harten „Strang" mit einem Apfelbohrer ausstechen
100 g Rosinen verlesen

für die Essig-Zucker-Lösung

375 ml (3/8 l) Weißweinessig mit
250 ml (1/4 l) herbem Weißwein
5 – 6 Teel. Flüssigsüße
1 Zimtstange
Limonenscheiben von 1 Limone (unbehandelt) zum Kochen bringen, die vier Zutaten hineingeben, zum Kochen bringen, 5 – 6 Minuten ziehen lassen, von der Kochstelle nehmen, zugedeckt (am besten über Nacht) stehenlassen
die Früchte mit einem Schaumlöffel herausnehmen, gut abtropfen lassen, in vorbereitete Gläser (S. 108 Punkt 4/5) füllen
die Flüssigkeit nochmals zum Kochen bringen, von der Kochstelle nehmen
1 Päckchen Einmach-Hilfe unterrühren, über die Früchte gießen
die Gläser nach dem Erkalten verschließen (S. 108 ab Punkt 10).

Ingwer-Äpfel

(Abb. nebenstehend)

1 1/2 kg säuerliche Äpfel schälen, mit einem Apfelbohrer das Kerngehäuse ausstechen, die Äpfel in etwa 1 cm dicke Scheiben (Ringe) schneiden
1 kleines Stück (40 g) Ingwerwurzel schälen, in Scheiben schneiden

für die Essig-Zucker-Lösung

125 ml (1/8 l) Weißweinessig mit

375 ml (3/8 l) herbem Weißwein

3 1/2 – 4 Eßl. Flüssigsüße

1 Zimtstange

4 Gewürznelken

Schale von 1 Zitrone (unbehandelt)

2 – 3 Eßl. Zitronensaft

1 Döschen Safranpulver oder 1/2 Teel. Kurkuma und der Ingwerwurzel zum Kochen bringen, die Apfelscheiben darin glasig kochen lassen (dürfen nicht zerfallen), mit einem Schaumlöffel herausnehmen, gut abtropfen lassen, in vorbereitete Gläser (S. 108 Punkt 4/5) füllen

die Flüssigkeit nochmals zum Kochen bringen, von der Kochstelle nehmen (die Zitronenschale entfernen)

1 Päckchen Einmach-Hilfe unterrühren, über die Äpfel gießen

die Gläser nach dem Erkalten verschließen (S. 108 ab Punkt 10).

Gurkenscheiben, süß-sauer

1 kg Salatgurken waschen, in dünne Scheiben schneiden oder hobeln

Salzwasser (auf 1 l Wasser 15 g Salz) zum Kochen bringen, die Gurkenscheiben hineingeben, zum Kochen bringen, kurz aufkochen lassen, auf ein Sieb geben, mit kaltem Wasser übergießen, abtropfen lassen

3 mittelgroße Zwiebeln abziehen, in Scheiben schneiden, diese in Ringe zerteilen

3 Dilldolden waschen, die drei Zutaten fest in vorbereitete Gläser (S. 108 Punkt 4/5) schichten

für die Essig-Zucker-Lösung

250 ml (¼ l) Weinessig mit

250 ml (¼ l) Wasser

175 g Zucker

1 Zimtstange

1 Teel. Senfkörnern

4 Lorbeerblättern zum Kochen bringen, kurz aufkochen lassen, von der Kochstelle nehmen

1 Päckchen Einmach-Hilfe unterrühren, über die Gurken gießen

die Gläser nach dem Erkalten verschließen (S. 108 ab Punkt 10).

Melone, süß-sauer

2 Netzmelonen (etwa 2 kg) vierteln, entkernen, schälen, in Stücke schneiden, in ein vorbereitetes großes Glas (S. 108 Punkt 4/5) füllen

für die Essig-Zucker-Lösung

250 ml (¼ l) Weinessig mit

250 ml (¼ l) Wasser

250 g Zucker

1 Päckchen Vanillin-Zucker

2 Zimtstangen

6 Gewürznelken

1 Messerspitze Ingwerpulver

einigen gelben Senfkörnern zum Kochen bringen, kurz aufkochen lassen, über die Melonen gießen, Saft nach 3 Tagen abgießen, etwas einkochen lassen, von der Kochstelle nehmen

1 Päckchen Einmach-Hilfe unterrühren, wieder über die Melonen gießen

das Glas nach dem Erkalten verschließen (S. 108 ab Punkt 10).

Ketchups, Chutneys, Relishes

Chutneys sind besonders pikante Soßen, die zu gebratenem, gekochtem und kaltem Fleisch, zu Fondues und zu exotischen Gerichten gereicht werden.
Das Herkunftsland ist Indien, wo sie, wie in Deutschland die Soßen – zu jeder Mahlzeit frisch zubereitet serviert werden.

Ketchup kommt aus Amerika und ist in Deutschland seit langem bekannt und beliebt.
Ketchup wird als Beilage zu Pommes frites, Reis, Nudelgerichten, aber auch als würzende Zutat für Salate, Aufläufe und Soßen verwendet.
Hergestellt wird Ketchup aus Tomaten und Gewürzen, aber auch in Verbindung mit anderen Gemüsezutaten, wie z. B. Zwiebeln und Paprikaschoten.

Relish ist weniger eine Soße, vielmehr eine etwas breiartige Beilage zu gegrilltem Fleisch, Fondues, gedünstetem Fisch und zu pikanten Aufläufen.
Relishes bestehen aus zerkleinerten, gekochten oder gedünsteten Früchten und/oder Gemüse und vielen Gewürzen.

Ananas-Chutney

1 große frische Ananas schälen

4 mittelgroße Zwiebeln abziehen
beide Zutaten in feine Würfel schneiden

50 g Ingwerwurzel schälen, in Stücke schneiden

200 g Rosinen verlesen
die vier Zutaten mit

250 g braunem Zucker
Salz
2 Teel. Currypulver
Cayennepfeffer
Zitronensaft
250 ml (¼ l) Weinessig etwa 45 Minuten dünsten lassen (Flüssigkeit muß fast verdampft sein)
das Chutney mit Salz, Zucker, Cayennepfeffer, Currypulver, Zitronensaft abschmecken

1 Päckchen Einmach-Hilfe unterrühren
das Chutney in vorbereitete Gläser (S. 108 Punkt 4/5) füllen, nach dem Erkalten verschließen (S.108 ab Punkt 10) **oder** heiß in Schraubverschlußgläser (Twist-off-Deckel) füllen, **sofort** verschließen, 5 Minuten auf dem Deckel stehenlassen.

Apfel-Feigen-Chutney

(Abb. nebenstehend)

1 kg Äpfel	schälen, vierteln, entkernen, in Würfel schneiden
50 g Ingwerwurzel	schälen, in Stücke schneiden beide Zutaten mit
250 g Zucker **50 g abgezogenen, gemahlenen Mandeln** **1 Teel. Senfpulver** **1 Teel. Salz** **125 ml (⅛ l) Weinessig**	etwa 30 Minuten dünsten lassen
2 – 3 frische Feigen	waschen, enthäuten, in kleine Stücke schneiden, hinzufügen, 15 Minuten mitdünsten lassen das Chutney mit
Salz **Zucker** **Senfpulver**	abschmecken
1 Päckchen Einmach-Hilfe	unterrühren das Chutney in vorbereitete Gläser (S. 108 Punkt 4/5) füllen, nach dem Erkalten verschließen (S.108 ab Punkt 10) **oder** heiß in Schraubverschlußgläser (Twist-off-Deckel) füllen, **sofort** verschließen, 5 Minuten auf dem Deckel stehenlassen.

Curry-Ketchup

1 kg Fleischtomaten	waschen
10 mittelgroße Zwiebeln	abziehen beide Zutaten in Stücke schneiden (Stengelansätze der Tomaten entfernen) das Gemüse mit
75 g braunem Zucker **1 Eßl. Salz** **3 Eßl. Currypulver** **Ingwerpulver** **Cayennepfeffer** **frisch gemahlenem schwarzem Pfeffer** **125 ml (⅛ l) Weinessig**	etwa 45 Minuten dünsten lassen, durch ein Sieb streichen die Masse nochmals so lange kochen lassen, bis sie dicklich ist, mit den Gewürzen abschmecken
1 Päckchen Einmach-Hilfe	unterrühren das Ketchup in vorbereitete Gläser (S. 108 Punkt 4/5) füllen, nach dem Erkalten verschließen (S. 108 ab Punkt 10) **oder** heiß in Schraubverschlußgläser (Twist-off-Deckel) füllen, **sofort** verschließen, 5 Minuten auf dem Deckel stehenlassen.

Tomaten-Ketchup

2 kg Fleischtomaten waschen
10 mittelgroße Zwiebeln abziehen
beide Zutaten in Stücke schneiden (Stengelansätze der Tomaten entfernen)
das Gemüse mit
100 g braunem Zucker
3 Teel. Salz
Paprika edelsüß
frisch gemahlenem weißem Pfeffer
Chilipulver
Glutamat
125 ml (1/8 l) Weinessig etwa 45 Minuten dünsten lassen, durch ein Sieb streichen
die Masse nochmals so lange kochen lassen, bis sie dicklich ist, mit den Gewürzen abschmecken
1 Päckchen Einmach-Hilfe unterrühren
das Ketchup in vorbereitete Gläser (S. 108 Punkt 4/5) füllen, nach dem Erkalten verschließen (S. 108 ab Punkt 10) **oder** heiß in Schraubverschlußgläser (Twist-off-Deckel) füllen, **sofort** verschließen, 5 Minuten auf dem Deckel stehenlassen.

Tomaten-Paprika-Ketchup

(Abb. nebenstehend)

1 kg Fleischtomaten waschen
8 mittelgroße Zwiebeln abziehen
1 Stück (100 g) Sellerieknolle putzen, schälen, waschen
250 g rote Paprikaschoten
250 g grüne Paprikaschoten
die Schoten halbieren, entstielen, entkernen, die weißen Scheidewände entfernen, die Schoten waschen
das Gemüse in Stücke schneiden (Stengelansätze der Tomaten entfernen)
das Gemüse mit
100 g braunem Zucker
1 Eßl. Salz
1 Teel. Paprika edelsüß
1 Teel. Cayennepfeffer
1 Teel. frisch gemahlenem schwarzem Pfeffer

125 ml (1/8 l) Weinessig etwa 45 Minuten dünsten lassen, durch ein Sieb streichen
die Masse nochmals so lange kochen lassen, bis sie dicklich ist, mit den Gewürzen abschmecken

1 Päckchen Einmach-Hilfe unterrühren
das Ketchup in vorbereitete Gläser (S. 108 Punkt 4/5) füllen, nach dem Erkalten verschließen (S. 108 ab Punkt 10) **oder** heiß in Schraubverschlußgläser (Twist-off-Deckel) füllen, **sofort** verschließen, 5 Minuten auf dem Deckel stehenlassen.

Pfirsich-Aprikosen-Relish

500 g (½ kg) Pfirsiche	kurze Zeit in kochendes Wasser legen (nicht kochen lassen), enthäuten, halbieren, entsteinen
500 g (½ kg) Aprikosen	waschen, gut abtropfen lassen, halbieren, entsteinen
25 g Ingwerwurzel	schälen die drei Zutaten in kleine Stücke schneiden
250 g Rosinen	verlesen die vier Zutaten mit
250 g Zucker **50 g abgezogenen, gehackten Mandeln** **Salz** **Pfeffer** **Senfkörnern** **125 ml (⅛ l) Weißwein**	30 – 45 Minuten dünsten lassen, portionsweise im Mixer kurz pürieren
1 Päckchen Einmach-Hilfe	unterrühren das Relish in vorbereitete Gläser (S. 108 Punkt 4/5) füllen, nach dem Erkalten verschließen (S. 108 ab Punkt 10) **oder** heiß in Schraubverschlußgläser (Twist-off-Deckel) füllen, **sofort** verschließen, 5 Minuten auf dem Deckel stehenlassen.

Zwiebel-Paprika-Relish

(Abb. nebenstehend)

1 kg Zwiebeln	abziehen, grob schneiden
200 g rote Paprikaschoten **200 g grüne Paprikaschoten**	die Paprikaschoten halbieren, entstielen, entkernen, die weißen Scheidewände entfernen, die Schoten waschen, in Stücke schneiden
6 Eßl. Speiseöl	erhitzen, das Gemüse darin erhitzen, mit
250 g braunem Zucker **knapp 2 Teel. Salz, Pfeffer** **Knoblauchsalz** **Zwiebelsalz** **Paprika edelsüß** **Glutamat** **125 ml (⅛ l) Weinessig**	30 – 45 Minuten dünsten lassen, portionsweise im Mixer kurz pürieren
1 Päckchen Einmach-Hilfe	unterrühren das Relish in vorbereitete Gläser (S. 108 Punkt 4/5) füllen, nach dem Erkalten verschließen (S. 108 ab Punkt 10) **oder** heiß in Schraubverschlußgläser (Twist-off-Deckel) füllen, **sofort** verschließen, 5 Minuten auf dem Deckel stehenlassen.

Tomaten-Paprika-Relish

250 g Tomaten	kurze Zeit in kochendes Wasser legen (nicht kochen lassen), enthäuten, die Stengelansätze entfernen
250 g rote und 250 g grüne Paprikaschoten	
	die Paprikaschoten halbieren, entstielen, entkernen, die weißen Scheidewände entfernen, die Schoten waschen
125 g Zwiebeln	abziehen
	das Gemüse grob zerkleinern, mit
250 g Zucker Salz Ingwerpulver Cayennepfeffer Nelkenpulver Paprika edelsüß etwa 10 Pfefferkörnern 125 ml ($\frac{1}{8}$ l) Rotweinessig	30 – 45 Minuten dünsten lassen, portionsweise im Mixer kurz pürieren
1 Päckchen Einmach-Hilfe	unterrühren das Relish in vorbereitete Gläser (S. 108 Punkt 4/5) füllen, nach dem Erkalten verschließen (S. 108 ab Punkt 10) **oder** heiß in Schraubverschlußgläser (Twist-off-Deckel) füllen, **sofort** verschließen, 5 Minuten auf dem Deckel stehenlassen.

Apfel-Zwiebel-Chutney

1 kg Äpfel	schälen, achteln, entkernen, quer in Scheiben schneiden
250 g Zwiebeln	abziehen, in Ringe schneiden
125 g Rosinen	verlesen die drei Zutaten mit
200 g braunem Kandiszucker 1 Eßl. Senfkörnern Salz Cayennepfeffer 250 ml ($\frac{1}{4}$ l) Weinessig	etwa 10 Minuten dünsten lassen (Flüssigkeit muß fast verdampft sein) das Chutney mit Salz, Cayennepfeffer abschmecken
1 Päckchen Einmach-Hilfe	unterrühren das Chutney in vorbereitete Gläser (S. 108 Punkt 4/5) füllen, nach dem Erkalten verschließen (S.108 ab Punkt 10) **oder** heiß in Schraubverschlußgläser (Twist-off-Deckel) füllen, **sofort** verschließen, 5 Minuten auf dem Deckel stehenlassen.

Essige und Öle

Paprikaöl

2 Eßl. Paprika edelsüß
1 Eßl. Pfeffer
1 Teel. Currypulver
1 Teel. Chilipulver
1 Teel. Cayennepfeffer mit etwas von
750 ml (¾ l) Pflanzenöl verrühren, in eine vorbereitete Flasche (S. 98 Punkt 3/4) geben, das restliche Öl nach und nach dazugießen
dabei die Flasche ab und zu gut durchschütteln
die Flasche verschließen
das Öl mindestens 14 Tage stehenlassen.

Tip: Paprikaöl zum Braten und Bestreichen von Schweinefleisch und Grillfleisch verwenden.

Öl mit Kräutern

1 Zweig getrockneter Rosmarin
1 Zweig getrockneter Thymian
1 kleiner Zweig getrockneter Salbei
1 Zweig getrocknete Tripmadam

die Kräuter in eine vorbereitete Flasche (S. 98 Punkt 3/4) geben, mit

750 ml (¾ l) Planzenöl auffüllen, die Flasche verschließen das Öl mindestens 14 Tage stehenlassen.

Tip: Öl mit Kräutern eignet sich für Salatsoßen.

Kräuteröl, pikant

1 Bund Dill vorsichtig abspülen, trockentupfen, sehr fein schneiden

1 kleine rote Peperoni waschen, entkernen, fein hacken

1 Eßl. getrockneter Rosmarin
1 Eßl. getrockneter Thymian
1 Teel. Currypulver
1 Teel. Paprika

die Zutaten in eine vorbereitete Flasche (S. 98 Punkt 3/4) geben, mit

750 ml (¾ l) Pflanzenöl auffüllen, die Flasche verschließen, kräftig durchschütteln das Öl mindestens 14 Tage stehenlassen.

Tip: Kräuteröl eignet sich z. B. zum Marinieren von Steaks und Fisch.

Knoblauchessig

(Abb. S. 132/133)

2–3 Knoblauchzehen abziehen, evtl. halbieren
1 Zweig getrockneter Rosmarin

beide Zutaten in eine vorbereitete Flasche (S. 98 Punkt 3/4) geben, mit

750 ml (¾ l) Kräuteressig auffüllen

die Flasche verschließen, kühl aufbewahren.

Weinessig mit Pfeffer

(Abb. S. 132/133)

3 Rispen eingelegter grüner Pfeffer
Pfefferkörner

beide Zutaten in eine vorbereitete Flasche (S. 98 Punkt 3/4) geben, mit

750 ml (¾ l) Rotweinessig auffüllen

die Flasche verschließen, kühl aufbewahren.

Orangenessig

500 ml (½ l) Rotweinessig in eine vorbereitete Flasche (S. 98 Punkt 3/4) füllen

1 Orange (unbehandelt) spiralförmig schälen (es darf keine weiße Haut an der Schale vorhanden sein)

die Schale in die Flasche geben

die Flasche verschließen, kühl aufbewahren.

Basilikumessig

2 Bund Basilikum vorsichtig abspülen, trockentupfen, in eine breithalsige vorbereitete Flasche (S. 98 Punkt 3/4) geben, mit

1 l Weinessig auffüllen

die Flasche verschließen

den Essig mindestens 14 Tage gut gekühlt stehenlassen (Essig färbt sich rot), filtern, in vorbereitete Flaschen füllen, verschließen.

Tip: Basilikumessig schmeckt zu Tomatensalat, grünem Salat und zu Auberginengerichten.

Einsalzen

Einsalzen

Auch durch Einsalzen können verschiedene Gemüsesorten haltbar gemacht werden.

Regeln

1. Nur Gemüse von bester Beschaffenheit ist zum Haltbarmachen geeignet.
2. So frisch wie möglich muß das Einmachgut verarbeitet werden. Im eigenen Garten in den frühen Morgenstunden ernten, bevor die Hitze des Tages sich auswirkt, und nur so viel vorbereiten, wie am gleichen Tag verwertet werden kann. Nur in Ausnahmefällen kann Gemüse bis zum anderen Tag aufbewahrt werden und muß dann an einem kühlen Ort trocken, aber ausgebreitet lagern.
3. Alle Einmachgefäße und -geräte dürfen nur ausschließlich für ihren besonderen Zweck verwendet und vor allem nicht mit Fett in Berührung gebracht werden. Sie gründlich vor jedem Gebrauch in heißem Wasser unter Zusatz eines handelsüblichen Spülmittels reinigen, sie in klarem Wasser nachspülen und, auf ein Tuch gestülpt, ablaufen lassen.
4. Auf größte Sauberkeit muß beim Einmachen unbedingt geachtet werden, schon das kleinste Krümchen Brot, das in ein Einmachgefäß fällt, kann den Inhalt zum Gären, d. h. zum Verderben bringen.
5. Es ist zweckmäßig, auf jedes Gefäß ein Schildchen mit der Bezeichnung des Eingemachten und dem Datum der Herstellung zu kleben, damit das ältere Eingemachte stets zuerst verwendet wird.
6. Alles Eingemachte muß an einem trockenen, kühlen, der Zugluft zugänglichen Ort aufbewahrt und von Zeit zu Zeit durchgesehen werden (direkte Sonnenbestrahlung vermeiden).
7. Weißkohl und Bohnen mit der Hand oder mit einem Stampfer so fest eindrücken, daß der Saft übersteht.
8. Über das Gemüse ein sauberes, in klarem Wasser ausgekochtes Leinentuch legen.
9. Zum Beschweren ein Brett, möglichst im Durchmesser des Topfes, und einen Stein verwenden.
10. Alle 10 – 14 Tage Tuch, Brett und Stein sauber spülen.
11. Sollte das Gemüse im Laufe des Winters zu wenig Lake haben, erkaltete Salzlösung (1 Liter Wasser und 10 g Salz) nachgießen.
12. Das Eingemachte sollte möglichst mit einem Holzlöffel oder einer Holzgabel herausgenommen werden.

Sauerkraut

(Abb. S. 137)

Feste, frische Weißkohlköpfe von den äußeren Blättern befreien, fein hobeln
das Kraut abwechselnd mit
Salz (auf 5 kg Weißkohl 100 g Salz) in einen vorbereiteten Steintopf (S. 136 Punkt 3) stampfen, und zwar muß jede Krautlage so gestampft werden, daß der sich bildende Saft über dem Kohl steht
den Kohl mit einem Tuch bedecken, mit Brett und Stein beschweren, an einem kühlen Ort zugedeckt aufbewahren

Dauer der Gärung: 4 – 6 Wochen.

Veränderung: Wacholderbeeren, Weinblätter oder Apfelscheiben (auf 5 kg Weißkohl 500 g Äpfel) mit einschichten.

Grüne Bohnen

Junge Stangenbohnen putzen, evtl. abfädeln, waschen, gut abtropfen lassen, schnippeln (Bohnenschneidemaschine oder Schnippelmesser) die Bohnen mit
Salz (auf 5 kg Bohnen 200 g Salz) mischen, so fest wie möglich in einen vorbereiteten Steintopf (S. 136 Punkt 3) drücken
die Bohnen mit einem Tuch bedecken, mit Brett und Stein beschweren, an einem kühlen Ort zugedeckt aufbewahren

Dauer der Gärung: 4 – 6 Wochen.

Früchte in Alkohol

Rumtopf

Nur frische, tadellose Früchte für einen Rumtopf verwenden

600 g Erdbeeren waschen, entstielen, große Früchte halbieren oder vierteln

600 g Süßkirschen waschen, entstielen, entsteinen

600 g Aprikosen

600 g Pfirsiche

beide Zutaten waschen, halbieren, entsteinen, kurze Zeit in kochendes Wasser legen (nicht kochen lassen), enthäuten, in Stücke schneiden, erkalten lassen

600 g Sauerkirschen waschen, entstielen, entsteinen

600 g Mirabellen waschen, kleine Früchte ganz lassen, große halbieren, entsteinen

600 g Pflaumen waschen, entstielen, entsteinen, enthäuten

600 g Birnen schälen, waschen, vierteln oder achteln, entkernen
die Birnenstücke in

wenig Zuckerlösung weich dünsten, abtropfen und erkalten lassen

600 g grüne und blaue Weintrauben waschen, entstielen, halbieren, entkernen

600 g Ananas schälen, zunächst in Scheiben, dann in Stücke schneiden
der Jahreszeit entsprechend die Früchte in ein vorbereitetes 7-l-Zubindegefäß (S. 108 Punkt 4/5) geben
von

etwa 1½ l Rum (54%)

1 kg Zucker jeweils etwa 350 ml mit 250 g von verrühren, über die Früchte gießen, der Flüssigkeitsspiegel muß immer 1 cm hoch über den Früchten stehen (sie am besten mit einem Glasteller beschweren)
den Rumtopf gut verschließen (S. 108 ab Punkt 11), kühl und dunkel aufbewahren, bei jeder Fruchtzugabe vorsichtig durchrühren.

Exotischer Rumtopf

(Abb. nebenstehend)

5 Kiwis schälen, in Scheiben schneiden

½ Ananas schälen, in Stücke zerteilen

2 Orangen schälen, in Scheiben schneiden

½ Honigmelone entkernen, aus dem Fruchtfleisch Kugeln ausstechen
die Früchte in ein vorbereitetes großes Glas (S. 108 Punkt 4/5) geben

1 Zitrone (unbehandelt) waschen, in Scheiben schneiden

1 Flasche (0,7 l) Weißen Rum mit

2 Teel. Flüssigsüße

Mark einer Vanilleschote verrühren, über die Früchte gießen, das Glas gut verschließen (S. 108 ab Punkt 11), einige Wochen kühl aufbewahren.

Exotische Früchte in Weinbrand

Etwa 200 g Litschis (aus der Dose)	abtropfen lassen, den Saft auffangen
4–5 mittelgroße Kiwis	schälen, in Scheiben schneiden
2 Mangofrüchte	halbieren, entsteinen, schälen
1 Apfelsine	schälen, filieren
1 kleine Ananas	schälen
1 Papaya	schälen, halbieren, entkernen die vier Zutaten in größere Stücke schneiden, in vorbereitete Gläser (S. 108 Punkt 4/5) füllen
knapp 250 ml (¼ l) Litschisaft	mit
250 g Zucker	
2 Teel. Ingwerpulver	zum Kochen bringen, kurz aufkochen lassen
1 Flasche (0,7 l) Weinbrand	
50 ml Weingeist (96%)	hinzufügen, über die Früchte verteilen die Gläser gut verschließen (S. 108 ab Punkt 11), einige Woche kühl aufbewahren.

Schattenmorellen in Rum

(Abb. nebenstehend)

1 kg Schattenmorellen	waschen, gut abtropfen lassen, entstielen, entsteinen, in ein vorbereitetes großes Glas (S. 108 Punkt 4/5) geben
250 g braunen Kandiszucker	
1 Flasche (0,7 l) Rum (54%)	hinzufügen das Glas gut verschließen (S. 108 ab Punkt 11), einige Wochen kühl aufbewahren.

Wodka-Topf

10 Kiwis	schälen, in Scheiben schneiden, mit
500 g abgezogenen Mandeln	in ein vorbereitetes großes Glas (S. 108 Punkt 4/5) geben
4 Granatäpfel	halbieren, die Fruchtkörner vorsichtig mit einem Teelöffel herausnehmen, über die Kiwis verteilen
100 g weißen Kandiszucker	
1 Flasche (0,7 l) Wodka	hinzufügen das Glas gut verschließen (S. 108 ab Punkt 11), einige Wochen kühl aufbewahren.

Weißer-Rum-Topf

(Abb. oben)

2 Pfirsiche	kurze Zeit in kochendes Wasser legen (nicht kochen lassen), enthäuten, halbieren, entsteinen
3 Nektarinen	waschen, halbieren, entsteinen die Früchte in eine Schüssel geben, mit
250 g Zucker	bestreuen, mit
6 – 8 Eßl. Zitronensaft	vermengen, kurze Zeit durchziehen lassen, mit
100 g entsteinten Süßkirschen	
75 g verlesenen Himbeeren	in ein vorbereitetes Glas (S. 108 Punkt 4/5) geben
250 ml (¼ l) Weißen Rum	darüber gießen das Glas gut verschließen (S. 108 ab Punkt 11), kühl aufbewahren.

Melone in Gin

2 mittelgroße Netzmelonen	in Spalten schneiden, entkernen, schälen, in Stücke schneiden, das Fruchtfleisch in eine Schüssel geben, mit
250 g Zucker	
2 Eßl. Zitronensaft	
1 gestrichenen Teel. Ingwerpulver	vermengen, zugedeckt über Nacht durchziehen lassen die Melonenstücke abtropfen lassen, in ein vorbereitetes großes Glas (S. 108 Punkt 4/5) geben die Flüssigkeit mit
1 Flasche (0,7 l) Gin	verrühren, über die Melonen gießen, das Glas gut verschließen (S. 108 ab Punkt 11), einige Wochen kühl aufbewahren.